国际象棋——思想和意志的较量

盛文林/著

台海出版社

图书在版编目（CIP）数据

国际象棋：思想和意志的较量／盛文林著. －－北京：
台海出版社，2014.7
（全民阅读体育知识读本）
ISBN 978－7－5168－0436－0

Ⅰ.①国… Ⅱ.①盛… Ⅲ.①国际象棋－基本知识
Ⅳ.①G891.1

中国版本图书馆 CIP 数据核字（2014）第 174913 号

国际象棋：思想和意志的较量

著　　者：盛文林			

责任编辑：刘文卉　　　　　　　　装帧设计：视界创意
版式设计：林　兰　　　　　　　　责任印制：蔡　旭

出版发行：台海出版社
地　　址：北京市朝阳区劲松南路 1 号　邮政编码：100021
电　　话：010－64041652（发行，邮购）
传　　真：010－84045799（总编室）
网　　址：www. taimeng. org. cn/thcbs/default. htm
E － mail：thcbs@ 126. com

经　　销：全国各地新华书店
印　　刷：北京一鑫印务有限公司
本书如有破损、缺页、装订错误,请与本社联系调换

开　　本：655 ×960　　　1/16
字　　数：130 千字　　　　　　　印　　张：12
版　　次：2014 年 10 月第 1 版　　印　　次：2021年 6 月第 3 次印刷
书　　号：ISBN 978－7－5168－0436－0
定　　价：29. 60 元

前　言

　　国际象棋，堪称世界一流的智力运动。在世界各单项组织中，国际棋联的规模仅次于国际足联。它早在 19 世纪中期，就已经成为正式的比赛项目；1886 年举行了第一次国际象棋世界锦标赛；到了 1924 年被列奥运会的正式比赛项目。

　　一般认为国际象棋起源于印度，但也有不少人认为它起源于中国，可以肯定的是它起源于东方，然而它是在西方发扬光大的，所以又被称为欧洲象棋或西洋棋。国际象棋是融艺术、科学、知识和灵感为一炉的一种思维游戏。竞技使双方投入到一场不见硝烟的暗战，是双方智慧的对决，思想的交锋，意志的较量，体力的考验。能与国际象棋在思想性、科学性和深度上相比的有中国围棋、中国象棋和日本将棋。

　　国际象棋中蕴含着丰富而生动的社会内容，通过比较国际象棋与中国象棋的差异，体会更深。象棋代表着一个民族的性格，东西方民族都强调国家领袖于国于民的重要性，所以二者都以"王"的存亡作为战局输赢的标志。这一点东西方不谋而合。不同的是，中国象棋的王称"帅（将）"，是忌讳"犯上"的缘故；而国际象棋没有此类顾虑。中国象棋的"帅（将）"，不能出"九宫"，且有"士、象"充当专职护卫，它们始终扮演着忠君护驾的角色，这是"普天之下莫非王土，率土之滨莫非王臣"的君王至上的生动写照。国际象棋唯有"王车移位"的特别关照，稍不留神还会失去该权利，"王"可在棋盘上任何一格自由行动，随时可以御驾亲征，对"王"的保护通过其自身灵活机动的躲闪来完成。这与中世纪欧洲频繁的民族征战迁徙相关。

　　古代中国，后宫不得干政，故中国象棋没有设置"皇后"；国际象棋则不然，"王"的旁边是仅低于王的、地位显赫的"后"，"后"是最灵活、最有力、活动范围最大、威胁最强的棋子，表现出在西方"后"对国家军政起着举足轻重的作用。这是西方民族传统的妇女观和权力观的体现。

　　中国象棋对棋子的活动有许多限制，区区十六个子有五个不能过河，"士、象"有法定的路线，"马"有拐脚之制约。而国际象棋对棋子没有过多约束，并且与中国象棋遵循地位越高越"死板"的传统不一样，国际象棋中的"丞相"不是一个只会围着皇帝屁股转的儒士，而是能够冲锋陷阵的勇士。国际象棋中的每个成员的自由度和整个棋局的激烈度，都要比中国象棋大。如果说中国象棋是中华民族"以静制动"传统性的象征，那么西方民族则尊重个人奋斗的意义。

　　国际象棋奇妙无穷，下棋益处多多，所以国际象棋在世界上的棋类运动中拥有最广泛的爱好者；下国际象棋能发展注意力、记忆力、逻辑力和分析力等思维能力，所以对青少年的心智发展特别有益。国际象棋和个人日常生活有关，提供棋手伦理典范，所以具有道德价值。国际象棋鼓励健康竞争和集体活动，所以具有增进友谊的作用。

　　因此，国际象棋作为一种具有1000多年历史的世界性的运动，是全人类的文化遗产和精神财富，包含着丰富深邃的智慧和思想。了解国际象棋，增长的是知识；学习国际象棋，提高的是智力。

目　录

PART 1 项目起源

　　国际象棋是一项历史悠久的竞技运动，是人类智慧的结晶，是流传国家最广、参加人数最多的一个棋种。它的历史可以追溯到 2000 多年以前。关于它的起源，众说纷纭，至今尚无定论，可分为印度、中国、伊朗、斯里兰卡、埃及等几种说法，但较多倾向起源于印度或中国两个国家。

　　在国际象棋历史研究中，有不少史学家，特别是前苏联的几位著名棋史学家均持印度起源说，他们认为印度是国际象棋诞生的摇篮。

印度国际象棋

　　关于国际象棋的产生，国际上流传着一个有趣的故事。据说 2000 多年以前，印度有一个非常残暴的国王。自己独断专行，想干什么就干什么。国王有个亲信大臣，他想拿"君王不能离开臣民而存在"的道理来劝告国王，但又不敢公开提出自己的意见。他想出了一个暗示的办法：在木制棋盘上，用骨制的棋子组成两支军队进行战斗，每一方面有一个首脑——王，另有车、马、象、兵四个兵种，组合成一个阵容的整体，王是最主要的棋子，王一死，战斗便结束；王同时又是很弱的一环，他只能依靠战友——即别的更有力的棋子保护，这些棋子必须在整个战斗过程中同心协力来保卫王。棋子里面比王还要弱的，要算是兵了。但如果善于指挥，使兵深入敌垒，走到对方的底格时，兵就可以变成最强的棋子。这就是第一盘象棋的产生，并很快就传播开了。

当然，以上只是作为一种传说。而据专家考证：大约在公元 2～4 世纪时，印度流行一种叫"恰图兰加"的棋戏，内有车、马、象和兵四种棋子，象征着印度古代的军队建制。但作为原始国际象棋前身的这种"四方棋"，当时是用掷骰子的方法来轮流走棋的，游戏的目的也不是将死对方的王，而是吃掉对方的全部棋子。

不过，支持国际象棋"中国起源说"的也不在少数。英国著名学者李约瑟博士在其所著《中国科学文化史》中明确提出，象棋是中国人的创造。他详尽地分析了中国古代游戏——六博与天文、象术、数学的关系，他说："只有在中国，阴阳理论的盛行促使象棋雏形的产生，带有天文性质的占卜术得以发明，继而发展成带有军事含义的一种游戏。"接着陆续有前苏联学者发表文章，批驳印度起源说。1972 年南斯拉夫历史学家比吉夫的专著《象棋——宇宙的象征》断定象棋首先出现在公元 569 年的中国，然后才逐渐传播开来。

国际象棋前苏联科学院远东研究所研究员切列夫考博士在 1984 年 1 月号的《苏联棋艺》上发表文章，根据他的研究，国际象棋起源于易经的思想：64 格，对应八八、六十四卦，黑白对应阴阳。

到目前为止，还没有见到专家学者的反驳文章。可以认为，切列夫考博士"国际象棋起源于易经思想"的观点，在世界上已经站住了脚。

大约在 5000 年以前，在中国出现了 8×8 的线图（甘肃永昌鸳鸯池遗址出土彩陶绘图）。在公元前 10 世纪以前可以断定已经有了"六博"这种古棋。公元前 5 世纪六博经过改革而成"塞戏"。孔子曰："不有博弈者乎"这句话里，博弈即指六博和围棋。史料记载公元 6 世纪北周武帝发明的"象戏"和唐代于地下发现的"百宝象棋"基本相同：8×8 盘（64 格），立体子，棋子摆在格子上面，也就是现代国际象棋的格局。

　　"印度起源说"产生于英国人，也是由英国人来否定"印度起源说"。1984年版的大英百科全书上，关于国际象棋的起源，还说是印度或中国，而且重点介绍印度起源说。但是，2003年在英国出版《国际象棋中国学派》英文版时，在英国最大出版集团编辑撰写的简介中，一上来就有了这样一句话："虽然一些最早形式的国际象棋是在远古的中国被发现"。要让英国学者改变观点可不是简单的事情啊。

　　今天人们探讨国际象棋的起源，是通过传说、假说、考古和逻辑这四种方式，来作出各种各样的结论。假说指明考古论证之方向，传说补充考古逻辑之不足。毕竟国际象棋产生的年代太古老了，像最古老的历史一样，真实的再现要经过极为漫长的过程。不过，从整体方面看，关于起源问题，有两点得到世界的公认：一、国际象棋起源于亚洲，后来传入欧洲。二、最初的规则是掷骰子来决定谁走棋。

　　此外，专家学者在起源逻辑上有几点似乎已经达到共识：一、国际象棋是人造物。本质上是模型。二、国际象棋是人类思想、意识的物化。本质上是模拟。三、现代国际象棋是古代棋不断演变的结果。四、演变的影响来自各个方面，包括各种棋相互之间的影响。五、演变的模式是渐变和突变。六、演变和连续性共存。七、起源的研究应从国际象棋结构三要素——棋盘、棋子、棋规入手。八、对于国际象棋的起源、演变和定型来说，棋盘、棋子、棋规担当不同的角色。九、棋盘、棋子、棋规这三者未必是同时出现的。十、没有"最初的发明者"。对此可以这样来解释：在现实世界中，时间是不可逆的。因此，时间可以创造历史，时间也可以消灭历史。从这种逻辑出发，我们永远不可能找到"最初的发明者"。只好无奈地满足于"社会的产物，智慧的结晶。"

　　另外，关于国际象棋起源，还有一种说法是，国际象棋是由阿拉伯人发明的。因为人们今天熟悉的国际象棋是在波斯发展起来的。国际象棋里"战车"一词就源自波斯语。

PART 2 历史发展

国际象棋创意图片

支持国际象棋"印度起源说"的人认为这种棋戏大约在公元 6 世纪由印度传入波斯，由于语音上的讹误，古波斯人把"恰图兰加"误读为"恰特兰格"（Chatrang）。后来波斯被阿拉伯人占领，因阿拉伯语中没有这一词语中的第一个字母和最后一个字母，于是，"恰特兰格"又被阿拉伯人改称为"沙特兰兹"（Shatranj），以后这种"沙特兰兹"在中亚和阿拉伯国家广泛流传。10 世纪前后，阿拉伯国家出现了许多闻名一时的棋手，世界名著《一千零一夜》中就曾经提及哈里发何鲁纳·拉施德的宫廷诗人中有一位著名棋手。公元 819 年，在巴格达举行了几位著名棋手之间的比赛。大约在 10 世纪以后，国际象棋经中亚和阿位伯传入欧洲，先传到意大利，然后是西班牙和法国。11 世纪末，遍及欧洲各国。

而支持国际象棋"中国起源说"的人认为至迟于公元 6 世纪末 7 世纪初，中国象戏进入印度（不排除更早一些的"六博、塞戏"和"类象戏"进入印度的可能性），形成了"恰图兰加"，进入中东形成了

"沙特兰兹"。恰图兰加和沙特兰兹译成中文都是"四色棋"（或"四方棋"）。考古的实物根据是 8 世纪以后印度才有四色棋的存在。最早的关于"四色棋"的文字记载是公元九世纪的克什米尔史诗《拉特纳卡尔》。"沙特兰兹"后来演变成"波斯象棋"并传入欧洲，大约在 15 世纪末定型为现代国际象棋。

比较一致的看法是，国际象棋从东方传入西方，到公元 11 世纪基本遍及欧洲，才真正具有国际性。至 15 世纪现代国际象棋定型，19 世纪规则才完全统一，1886 年举行了第一次世界冠军赛。

国际象棋大型雕塑

1924 年在法国巴黎成立了第一个世界性棋类组织——世界国际象棋联合会，总部设在荷兰首都阿姆斯特丹。国际棋联成员国（包括地区）多达 131 个，是仅次于足球的第二大体育项目，全世界大约有 10 多亿人喜爱或从事这项运动，尤以欧美为盛。前苏联、南斯拉夫号称"第一王国"和"第二王国"。

国际象棋的世界大赛有男女个人世界冠军赛、国际象棋奥林匹克赛、世界男子团体锦标赛、世界大学生团体赛、世界少年冠军赛等，对国际象棋"国际化"的传播与发展起了巨大促进作用。

国际象棋在我国起步较晚，19 世纪末才传入我国，始称之为"万国象棋"。解放前知道国际象棋的人寥若辰星，新中国成立以后，国际象棋得到迅速发展。1956 年，国家体委首次举办了全国棋类锦标赛，国际象棋被列为表演项目，1957 年被正式列为国家体育比赛项目，我国的国际象棋水平逐年提高。

"文革"开始后，国际象棋被当做"四旧"、"封、资、修的玩物"惨遭扼杀。1973 年，在周总理的倡导下，全国各省、市陆续恢复了国际象棋，1975 年，我国正式加入世界国际象棋联合会，从此迈出国门，走向世界，开始向国际象棋的顶峰发起冲击。

1980 年，由刘适兰、吴敏茜、安艳凤和赵兰等组成的中国女队在第九届世界奥林匹克女子团体赛中脱颖而出，获团体第五名。

1982 年的第十届世界奥林匹克女子团体赛上，女队再获第五名。

1984 年的第十一届世界奥林匹克女子团体赛中，我国女队又上一台阶，获第四名。我国男队在同年举行的第二十六届奥林匹克男子团体赛上跻身世界强队行列，获团体第八名。

1986 年我国女队保持第四名，男队跃居团体第七名。

1988 年我国男、女队双双保住了 1986 年的名次。

特别值得一提的是，1990 年在南斯拉夫举行的奥林匹克男、女团体赛上，中国女队奋力拼搏，勇夺第三名，男队获第六名，创造了历史最好成绩。1990 年，我国女选手谢军在世界女子冠军赛区际赛中不负重望荣获冠军，成为继刘适兰、吴敏茜之后第三位国际特级大师；男棋手叶荣光获我国历史上第一位男子国际特级大师称号。

在 1991 年 2 月结束的国际象棋女子世界冠军挑战者争夺战中，谢军又战胜了南斯拉夫特级大师马里奇，获得 1991 年 9 月向上届女子世界冠军前苏联特级大师奇布尔达妮泽挑战的资格。从而结束了前苏联女棋手 40 年来对世界前三名的垄断。这一历史性突破，标志着我国的国际象棋运动已经冲出亚洲、走向世界，向着峰顶发起强有力的冲击。

PART 3 目前状况

叶江川谈国际象棋的现状

2011 年 6 月 2 日，我国国际象棋队总教练叶江川作客腾讯，畅谈中国国际象棋的现状：

叶江川介绍说，中国国际象棋联赛今年已经进入第七个年头。目前来看还是三驾马车，就是北京、上海、山东在前列。从前几年的联赛成绩来看，这三支队伍占据了绝对主宰的局面，但是实际上今年目前排位来看，浙江等一些队伍很有冲击力。从总体看这三支队伍依然保持强势的状态，还是没有改变。

主持人问：在本次联赛当中不仅仅有中国队的选手，而且还有很多外国选手也参与了，像印度现在的亚锦赛的冠军，还有亚美尼亚选手都加入到我们的联赛，是不是说明我们的联赛正在走向国际化？

叶江川对此表示肯定后又说，前一些年联赛因为实行主客场的赛制，对于国际上一些棋手会带来一些时间安排上的困难，因为一场棋赶到中国来，时间安排上有很大问题。另外，我们联赛主客场，他们也感觉很不太适应，因为在欧洲一些俱乐部的联赛上面，他们都是一种赛会制，可以说是循环赛制。从国际象棋的发展来看，现在的年轻棋手，一些优秀的棋手也越来越多得到国际上的邀请，他们参加比赛的频率越来越快，我们实行这种主客场就会影响他们参赛的机会。所以从去年开始完全以六场赛会制代替以前主客场，这样也给外援参加联赛提供了比较好的时间。从去年开始到现在，来我们联赛的也在逐渐增多，俄罗斯（微博）、欧洲的棋手还是比较喜欢到中国参加联赛，水准也越来越高，我相信随着影响扩大会有越来越多的高水平的棋手来参加联赛。

主持人说，提到中国女子国强队，1998 年到 2004 年之间是非常辉煌，所有团体和个人大赛都拿到了，包括谢军、诸宸、许昱华，还有许昱华的两次世界杯，这六年当中夺得了四连冠。但是现在离上次的辉煌，在女队团体赛当中已经 7 年没有拿到冠军了，而且 2006 年当年许昱华拿了个人冠军，但是缺少了团体赛，2008 年，包括 2010 年，去之前都是充满信心，包括外界期待也是很高的，但是因为都是年轻选手，还是出现一些问题，明年下一届奥赛，现在着手准备了吗？

叶江川表示这是摆在中国国际象棋队面前非常重要的问题，2006年、2008 年是进行新老交替的时间段，上一批棋手从谢军、诸宸到王平、王蕾、秦凯银，随着年龄的增大和一些变化，她们都逐渐淡出了一线，在这种情况下以赵雪为代表的一批队员逐渐跟上。这部分年轻选手非常有才华，也非常不错，后来尤其有侯逸凡的出现，给中国女队注入非常强的活力。但是非常遗憾的是，除了两届世界团体锦标赛的冠军以外，她们在奥赛上一直未能实现前辈的目标，尤其是在德国的一次奥赛中，应该是在 2008 年德国奥赛中，还打到了有史以来最低的一个名次，第 8 名。我考虑一方面这批棋手从思想上，作风上确实要向前辈棋手学习。另一方面在新的形势下，教练组也要研究这一批年轻人，就是 90后怎么样能够在比赛中发挥水平，或者说怎么能够让她们把全部力量发挥出来，怎么能够让她们对棋始终保持一种热爱，这都是教练组新形势下应该研究的问题。以往的训练方法，可能还是要进行重新摸索和探索，我觉得她们要实现前辈棋手的四连冠的辉煌，确实要付出努力，除了侯逸凡其他棋手都不是很稳定。

　　主持人进一步问，刚才提到了在 2004 年以后，尤其是谢军复出夺得奥赛冠军之后，很多老队员已经淡出了，但是我们发现在 2006 年世锦赛的时候，像齐布尔达尼泽都已经是奶奶级的选手了，还能杀入四强，为什么我们这边的女选手年纪大了，有家庭了就不能继续创造辉煌？

　　叶江川对此看法是，这可能跟我们目前整个的环境有关系。作为一个棋手或者是运动员，可能还要面临着很多这样那样的问题，竞技选手一般是吃青春饭，她可能会选择更安定的生活状态。作为赛员，那种生活状况不是特别安定，到了一定时候女棋手还面临结婚、抚养孩子的情况，所以大多数的女棋手可能选择到这个年龄都急流勇退了，选择更安定的生活状态，这一原因还是非常重要的。在这方面国外棋手尤其是齐布尔达尼泽作出了一个榜样，她一直保持到 50 岁，目前还有一定的竞争力。齐布尔达尼泽应该是比较典型的，能够下到她这样的，在国外也不是很多，但是总体来看国外的棋手比我们的运动寿命要长，这也是一种生活定位吧，可能跟我们不太一样。

　　主持人问：未来在棋力研究上，我们肯定希望侯逸凡、赵雪这样的队员，不仅在 30 岁之前或者说年轻的时候发光发热，很可能年龄大了精力跟不上导致棋力下降了，仍然能够成为中国的骨干，这是不是也是一个研究课题？

　　叶江川说：我特别希望人才的队伍，一个是要厚，第二个就是要百花齐放，不光是一些年轻的棋手，还有以前成名的棋手，始终能够保持大家都有一定的竞争力，就是此起彼伏，可以促进这种繁荣，可以真正的使技艺水准更高，也更精彩。我想可能需要一些综合的，社会各界更认可的棋手，他们的待遇更能够有所保证；或者说对于自己的人生定位，在外部条件的更完善、更好的情况下会有一些改变，这还是一个比较复杂的问题。

　　主持人问：刚才提到了很多中国的优秀棋手现在淡出了棋坛，甚至有的已经把家安在了国外，但是他们当中不少人还是没有完全离开国际象棋，谢军为儿童出了一些新书，您听说这事了吧？

叶江川说：对，我觉得这种状态也非常好，因为到了一定时候可以利用自己的影响力继续推动、普及这项事业去进行，谢军起的作用不是一般的普及者所能达到的。据我所知谢军除了出书以外，前些年到现在一直在大学里面推动国际象棋的普及，我觉得这都是非常好的，我觉得他们可能离开了一线的赛场，但是就像我本人一样，我原来也是一个棋手，现在觉得做这些事情依然对国际象棋发展起到作用，我觉得非常充实。

主持人问：国际象棋事业在中国的推广真的离不开你们前辈和包括现在这些年轻选手的共同努力，您见证了中国国际象棋的民众普及度，也见证了它的变化。我们知道谢军那个时代，甚至更早的时候，中国下棋的选手其实不多，专业投入也不多，而现在有很多家长已经愿意把孩子送去学习下棋，您在这当中也起到了作用，您不仅仅是国家队的教练，您还会参与到一些活动当中去推动民众的参与，就像 2000 年世纪之交的时候您下的那场棋，听说您都快晕倒了？

叶江川说：对，因为国际象棋是一个舶来品，实际上国际象棋跟中国象棋战略战术有很多相通的地方，我们经常说国际象棋是西方来的一种文明，其实这种说法我认为并不全面，因为国际象棋跟中国象棋，包括在亚洲还有其他一些棋，蒙古棋、朝鲜、日本的棋，都是发源于东方。这些棋都是东方一种文明，东方一种智慧，只不过国际象棋传播得更远，传到了西方，在西方发扬光大以后又传向全世界，所以形成现在国际象棋在全世界范围内被誉为第一的智力运动。实际从国际象棋定位来讲应该是全人类共同的文化遗产，本身就是东西方文明交融的一个产物。但是，在中国了解国际象棋的人毕竟还是不多，当然现在有很大的改变，所以对于中国国际象棋协会，对于每一个中国的从事推动普及的人来讲，应该要付出很多的努力，使这样的局面得到改变。可喜的是，就目前来看国际象棋还肩负了教育的功能，很多学校的老师，还有青少年的家长都愿意把孩子们送到学校或者是各种培训班，让孩子们来一个思维的训练。国际象棋还有一种国际交往的功能，世界范围开展的非常广，所以我们普及的局面现在也是越来越好。

主持人问：国际象棋本来源头在欧洲，尤其在东欧的发展已经有很长的历史了，谢军的冠军打破了他们的垄断。中国队也有过辉煌，现在也是在顶尖的水平当中。女队方面，去年俄罗斯女队拿到了冠军，而且她们的优势非常明显，从 1998 年以后，首次在奥赛中战胜中国女队。现在像大小科辛采娃姐妹等等，是不是仍然是中国女队这两年来最大的对手？

叶江川说：应该是。因为俄罗斯队继承了前苏联国际象棋王国的传统，其实不光是俄罗斯，还有乌克兰、亚美尼亚、格鲁吉亚，只不过是俄罗斯做得更好。俄罗斯队在奥赛前卧薪尝胆，始终把中国女队作为一个最大的竞争对手，进行了非常好的封闭训练。我想现在这支俄罗斯队伍确实非常整齐，老中青结合也非常好，所以从一到两届来看，最主要的对手还是俄罗斯，当然乌克兰、亚美尼亚、格鲁吉亚这些队依然有冲击，但是最主要对手还是俄罗斯。加上近几年已经搞了七届中俄对抗赛，这两支队伍也越来越熟悉。中俄对抗赛，中国的男队向俄罗斯队学习了很多，他们跟女队进行对抗当中也吸收不少的东西，所以双方是互补的，所以这两支队伍将来的竞争还会延续下去，我们肯定还是要努力，因为我们这支队伍总体来讲比当年谢军那时候还是略显单薄，感觉还没有那样必胜的实力。

主持人问：话题再回到男队，男队在奥赛中也取得过亚军的成绩，而且现在他们的当中棋手，之前很多都是甘心为女队的队员、为推动女队的成绩做绿叶的角色。现在我们发现他们不仅仅是完成了这样一个任务，而且他们的水平也是在不断的提高。这不仅仅跟您刚才说的中俄对抗赛有一定关系，他们自身的培养过程您也是见证了，对他们的发展是怎么样来安排的呢?

叶江川说:从中国男队的发展来看,2004 年我接任中国国际象棋秘书长,当时在中心领导和中心外事部门的支持下,采取了一个举措,就是"走出去",男队走出去,女队着重在内部进行训练,因为这样有一个现实的可操作性,世界上男子水平最高的是在欧洲,欧洲每年的比赛也非常多,有各种公开赛还有邀请赛,棋手确实得到了很多的机会,我们的男棋手由于有了这样一些机会,提高幅度比较大。另外,这几年我们特别给男棋手创造一些比赛的条件,比如说在国内举办一些比赛,邀请国外的棋手,在邀请国际棋手时,不邀请棋手本人,而是跟棋手所在的棋协进行联系,有一个条件,我邀请你的棋手来参赛,你的棋协下一次也邀请我们的棋手参加比赛,想尽各种办法给男棋手创造国际比赛的机会,这个效果也是比较明显的。我特别强调,现在国际象棋的软件非常厉害,它也可以帮助棋手进行分析训练,对他们提高很有帮助。在队伍中间倡导互为助手,这在国际象棋界也是比较普遍的现象,就是高手之间,这一次比赛,我充当你的助手,下一次调过来,这样双方都可以进步。我其实很早以前在队里就提倡这个,现在做得比较好的有这么两队,李超和王越、卜祥志和周伟奇,大家都有了提高,都有了进步,这是一种比较好的模式。当然教练也给他们进行多方指导,共同的分析。男棋手总体来讲进步比较快,现在又涌现出了更年轻的棋手,对他们形成了冲击力。这都是一种可喜的现象。

主持人问:国际象棋的这一项目真的是非常有意思的,因为不是一个体力运动项目,所以经常出现在棋桌的两旁有一个相当于小孩儿和年龄很大的选手,就像当时侯逸凡和齐布尔达尼泽坐在一起对抗的局面,当出现这样一个局面时,外界看来都是一个非常有意思的画面,因为在展现一种竞技魅力的时候,体现一种无年龄界限的感觉,您平时跟侯逸凡在一起下棋吗?

叶江川说:这种现象外界看非常的奇特,但是在圈内人已经习以为常了，排名世界第一位的卡尔森，十一二岁的时候会碰到很强的特级大师，很多特级大师看到他是非常头疼的，在年龄上他小，但是在棋盘上成人变成弱者了，会被小孩儿折磨得够呛。当然这也是一个独特性，因为从体力上来讲不可想象，但是从脑力上来讲，说明人类的智慧，可能大脑先发育，有时候小孩儿到了一定程度体力还没有发育成熟，但在脑力上，尤其在一些特殊的领域上可能会有独到的见解，有些人研究了一辈子也搞不过他。

叶江川最后说，大家在一起如果能够静下心来下下棋，做做诗，练练毛笔字，这些中国古人的琴棋书画还是很有品位的，如果能够达到这种生活状态，可能整个物质文明和精神文明又上了一个台阶。

国际象棋走进学校

国际象棋在欧洲是一项比较普及的运动，很多学校的学生，特别是高等学校的学生，基本上都会学国际象棋。国际象棋进课堂在欧洲已有100多年的历史。前苏联从1920年开始，国际象棋教学就以小组的形式有针对性地进入学校，教育委员会还专门成立了国际象棋教学部。国际象棋教学得到欧洲大多数国家的认可，独联体国家、荷兰、德国、罗马尼亚等很多国家都把国际象棋列为正式课程。其中瑞典和西班牙两国在学校开设国际象棋课程的议案都是经过议会通过的，这就意味着，国际象棋进课堂将是永久合法的。

国际象棋在我国不是一个主要的棋类项目，普及率远远不及中国象棋和围棋等项目。这就造成了国际象棋在我国高等学府的发展还是比较的缓慢。以北京为例，只有很少的几所高等学府有国际象棋选修课。而且在大部分高等学校的棋类社团当中，都没有国际象棋这一项活动，会

叶江川走进校园授棋

下国际象棋的人很少。一个七八千人的学校仅仅只有几十人会下国际象棋，更不用说了解国际象棋文化的人。

现在北京爱国者国际象棋俱乐部为了国际象棋在高校中的普及和发展，在北京10余所高校当中建立了国际象棋队，给这些高校的国际象棋队提供了训练用的棋具，并且定期组织国际象棋方面知识的培训。这样能够在一个层面上推动国际象棋在中国高等学府的发展和国际象棋文化的普及。但是中国有很多的高等学校，仅一家国际象棋俱乐部的投入是远远不够的。

国际象棋在中国高等学校发展还需要与国外的高等学府经常性的交流，2004年3月北京大学和哈佛大学就进行了一场友谊比赛。这是中国的高等学府第一次与国际上著名的高等学府进行交流。要推进国际象棋在中国高校的发展，就是要加强这种交流，这样才能发现我们的不足和差距。

要推动国际象棋在高等学府的发展，从而推动国际象棋这一运动在我国的发展，需要更多的企业来关注这一运动。幸运的是随着首届国际象棋联赛的开展，越来越多的企业已经开始关注这一项运动，可以说国际象棋在我国的发展前景非常乐观的。

PART 4　竞赛规则

棋盘和棋子

国际象棋棋盘是个正方形，由纵横各 8 格，颜色一深一浅交错排列的 64 个小方格组成。深色格称黑格，浅色格称白格。棋子就在棋盘的这些小方格上活动。

国际象棋棋子是立体形状的，共 32 个，分黑、白两组，每组 16 个棋子，其中有 1 王，1 后、双车、双象、双马和 8 个兵。对弈时双方各执一色，各分为 6 个兵种。

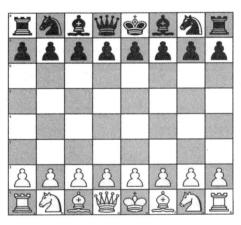

国际象棋棋盘与棋子

中文简称	王	后	车	象	马	兵
中文全称	国王	皇后	城堡（战车）	主教（传教士）	骑士	近卫军
英文简称	K	Q	R	B	N	P
英文全称	King	Queen	Rook	Bishop	Knight	Pawn
数量	1	1	2	2	2	8

对局开始时，白格的棋盘盘角一定要摆在弈者的右侧。如对局过程中发现棋盘摆错，就要改正摆法再继续对局。

以白棋为准，底排上最外面两格的棋子就是"车"，"车"里面摆的是"马"，"马"里面摆的是"象"，靠左象摆的是"后"，靠右象摆的是"王"。底排前面一排摆的是8个兵。

黑棋的棋子摆在棋盘靠黑方的两排上，位置与白方棋子遥遥相对。注意白后对黑后，白王对黑王，白后摆在白格上，黑后摆在黑格上。初学者对于这一点往往搞不清楚。有时后和王的位置摆错。对局中一经发现，就要按规则规定纠正后重下。

下棋时，白先黑后，双方轮流下棋，一次走一步棋。对局的目的是把对方的王将死。这一点和中国象棋完全相同。

为便于阅读棋谱和记录棋局，棋盘的位置采取座标记录法表示。以白棋为准，8条直行从左到右用a、b、c、d、e、f、g、h 8个小写英文字母表示；8条横排由近而远用阿拉伯数码1至8表示。每一小方格用直行的字母和横排的数字结合起来加以表示。例如白棋左侧棋盘角的记录标志是a1，右侧盘角的标志是h1，黑棋左侧盘角的记录标志是h8，右侧盘角的标志是a8，其余依此类推。双方对局开始时棋子在棋盘上的原始位置可记录如下：

白方：王e1；后d1；车a1，h1；象c1，f1；马b1，g1；兵a2，b2，c2，d2，e2，f2，g2，h2。

黑方：王e8；后d8；车a8，h8；象c8，f8；马b8，g8；兵a7，b7，c7，d7，e7，f7，g7，h7。

国际象棋棋盘与棋子配套供应。棋盘一般用木板、硬纸板、硬纸或塑料布制成，棋盘上棋格的颜色应柔和，没有反光，以免在对局时晃眼，影响视觉而看错棋子。棋子一般用木料或塑料制成，棋子的形状和尺寸应符合规则规定。棋子的颜色跟棋盘上棋格的颜色要求一样，应柔和而不耀眼，同时易于辨认黑白。

初学者如果没有或买不到现成的立体国际象棋，也可用中国象棋改制，只要另画一张棋盘，再把每方的两炮一士改成兵、另一士改成后即成国际象棋。

棋子走法

国际象棋的棋子共有 6 个兵种：王、后、车、象、马、兵。它们的走法依次说明如下：

王的走法：王横、直、斜都可以走，但每着限走一格。另外，不得送吃。与中国象棋里的将、帅不同的是，国际象棋里的王并无"九宫"禁区的限制，可以走到棋盘上任何一格。另外，允许双方的王对脸，但两者之间必须间隔一格。

古典造型的国际象棋棋子

后的走法：后横、直、斜都可以走，格数不限，但不能越子。它是国际象棋里威力最大的棋子。

车的走法：车横、竖都可走，格数不限，但不可斜走，一般情况下也不可越子。

象的走法：象只能斜走，格数不限，不能越子。每方有两象：一象占白格，称白格象；另一象占黑格，称黑格象。有趣的是，由于象只能走斜线，白格象永远不会走到黑格中去，黑格象也永远不会走到白格中去。

马的走法：马每步棋先横走或直走一格，然后再斜走一格。与其他兵种的棋子不同，马可以越子，即没有所谓"蹩腿"的限制。这一点与中国象棋里的马不同。

兵的走法：只能向前直走，每着只能走一格。但走第一步时，可以走一格或两格。兵的吃子方法与行棋方向不一样，它是直走斜吃，即如果兵的斜进一格内有对方棋子，就可以吃掉它而占据该格。

除了上述棋子的一般走法外，还有三项特殊走法。

1. 吃过路兵

兵由起始位置向前直进两格时，如与相邻直行上对方的兵恰巧并列在一条横线上，则对方在应着时，可以立即用这只兵把它吃掉，再斜进一格。但隔一回合再吃不行，这叫"吃过路兵"。

2. 兵的升变

任何一兵直进到达对方的底线时，即可升变为除"王"之外的任何一种棋子，而且不能不变。这叫"升变"或"升格"。兵进行升变时，为争胜需要，一般应升变为威力最大的"后"。但在某些特殊局面中，由于局势所迫，兵变"后"将造成"逼和"、"长将"（以后将要讲到）或其他不利于取胜的局面时，必须根据特定局面的情况变车、变象或变马。

3. 王车易位

王车易位是国际象棋中的一种特别的走法。在每一局棋中双方各有一次机会，可以同时移动自己的王和一个车，作为一步棋，叫做王车易位。

具体走法：王向一侧车的方向走两格，再把车越过王放在王的旁边。

只有以下 5 点皆成立时，方可进行易位：

（1）王必须未被移动；要进行易位的车必须未被移动；

（2） 王与要进行易位的车之间必须没有其他子；

（3） 王不可正被将军；

（4） 王不可穿越被敌方攻击的格；

（5） 王车易位后，王不可被将军（视为违规移动）；

常见误解是王车易位的规则比以上还要严格，事实上 即使王之前曾被将军，但于易位之时未被将军，仍可进行易位。即使车正被攻击，仍可使用那车进行易位。车是可以穿越被敌方攻击的格的（只适用于长易位）。

以下情况，本局都不能王车易位：王或拟易位的车已经移动过。

王车易位的目的有二：一是用车护王，使王移到安全的位置，就像筑起一个堡垒一样，外文中国际象棋术语王车易位的本意是"以堡垒护王"；二是同时把车动员出来，投入战斗。

总之，王车易位是兼守带攻的着法，对局的双方自然都不应随意放弃这一良好机会。

子力价值

学习了国际象棋的行棋知识，了解和掌握了各种棋子的不同着法，知道怎么走棋了。但是，我们还不知道究竟哪种棋子实力强、作用大，哪种棋子实力弱、作用小。也就是说，还不了解 6 个不同兵种棋子的子力价值，就像一个军事指挥员在指挥作战时不知道自己的部队中哪一部分战斗力强，哪一部分战斗力弱一样，这当然是要吃败仗的。学下国际象棋，也像指挥战争一样，要想战胜对手，必须首先了解和掌握各兵种棋子的实力价值，以及它们在棋局进程各个阶段的变化情况。

我们知道，棋局的各个阶段，不可避免地要发生子力交换的过程。

究竟该不该进行某种子力交换。交换以后局势对哪一方有利，这样的问题用子力价值的观点来分析就能解决。因此，在本章中我们专门分析一下各种棋子的子力价值。

子力价值与活动性

棋子的实力价值决定于它的活动范围和控制的格数。

后占据中心格位时可控制 27 个方格，活动范围最大，控制的格数最多。因此，它是全盘中实力价值最大的一种棋子。

车可控制 14 个方格，实力价值仅次于后，它的威力大体上是后的一半。

马在中心格位可控制 8 个方格，所谓"马有八面威风"，它的实力价值比车为小。

象在中心格位可控制 13 个方格，从控制方格的数量上看，它比马控制得多，但因它有不同色格的限制，只能控制与象同色格的方格，实力无异减半，大体上与马相当。

兵最多控制两格，实力价值最小。

子力价值的数学模式

在国际象棋中，我们通常依据棋子战斗力的大小，把马和象称为"轻子"，把后和车称为"重子"。又依据不同的火力特点，把后、车、象称为"长兵器"，把马、兵、王称为"短兵器"。

轻子象与马，其实力基本持平。象或马相当于三个兵。车的战斗力相当于 4.5 个兵，也就是相当于 1 个轻子 +2 个兵。如果一方以一轻子兑换一车，自然是赚了便宜。2 个轻子相当于 1 个车和 1 至 2 个兵的价值。后的实力被认为相当于 9 个兵。二个车相当于三个轻子。一车与二个轻子强于一后，但一后和一车、一轻子加 1 至 2 个兵的实力相等。

我们可以给每种棋子定具体的分值。

棋子名称	后	车	马	象	兵	王
最少格	21	14	2	7	1	3
最多格	27	14	8	13	2	8
价值分	9	4.5	3	3	1	

在多数情况下，上面这些各子力及兵的相对价值的评估是适用的。但在有些局面中，车甚至比后更有作用，兵的作用会超过马，兵升变时有时不升后而变为其他子力。马与象的价值根据不同的局面发生变化，有时马强于象，有时象强于马。如，双象可以轻易将死一个孤王，但一象一马却要难得多，而双马通常是不能够将死对方王的。

上述棋子实力价值的数字表示法对初学国际象棋者可能有些用处，在进行子力交换和分析局面可以参考上面的数字进行盘算。但是，棋子的实力价值是绝对不能教条主义地用数学来估算的。因为实践证实，棋子的实力价值会随着本身位置和棋局形势的变化而变化。例如：马和象的实力价值虽然大致相当。但在开放性局面中，象优于马；而在封闭性局面中，马优于象。双象因有同时控制两色格子的作用，在开放性局面中，它们的威力甚至超过双马或马象。另外，在残局阶段，象有色格限制，单象自然不如单马的威力大了。

以上说的还是属于一般规律，至于在某些特殊局面中，有时一只致命的兵的实力价值有可能比车还大。因此，棋子的实力价值的实际大小最终由它本身在局中所处的地位决定，数字表示法只能是一个参考。

棋子实力比较关系的变化规律

一局棋一般分开局、中局、残局三个阶段。棋子实力价值根据棋局的进程和不同的阶段而有所变化。棋局接近残局时。棋盘上双方子力逐步减少，各种棋子与兵之间实力比较的关系要相应改变。一般说来，开、中局阶段和残局阶段，在棋子实力比较的比例关系方面有很大的区别。

在开、中局阶段，象与马实力相当，象和马实力之和相当于一车两兵，但双象比双马或马象强，象或马优于三个兵的实力。

双象一马或双马一象的实力优于后，而后比双车为优。车象（或马）双兵的实力与后大致相当。

在残局阶段，马或象相当于 3 个兵。马和象的实力和相当于车兵。马比象优。因象有黑格象和白格象之分，黑格象不能攻击对方布置在白格上的棋子，白格象则不能攻击黑格，而马则没有这些限制。

车相当于马或象加 1 兵，双车优于 1 后，而 3 个弱子（双象 1 马或双马 1 象）的实力相当于 1 后。

后相当于车象 1 兵的实力。

从上述不同阶段棋子实力比较关系的变化情况中，可以发现几条值得注意的规律：

1. 兵的作用在残局阶段逐渐扩大，特别是可以升变的通头兵和挺起格数越多的兵。这是因为，兵越是接近底线，升变的可能性就越大。因而相对价值应当提高。

2. 车的作用在残局阶段也逐步增大。这是因为车要占据通路才能发挥它的攻击作用。残局阶段，棋盘上双方的大部子力都兑消殆尽，就给车的活动打开了广阔的活动领域。

初学棋手，当他还没有丰富的实践经验来确定各兵种棋子在任何部位上的价值时，记住棋子实力比较的比例关系和变化规律，在子力交换过程中进行盘算和推敲，就可以不吃大亏。

使用棋钟的规定

1. "棋钟"是指有两个显示时间的钟面装置相互连接的一种计时

钟，在每一时刻只有其中的一个钟在走动。"钟"在国际象棋规则中是指一台棋钟中两个计时装置之一。"钟旗落下"是指一方预定的赛时用完。

2. 使用棋钟时，每方都必须在规定的时限内走满最低限度的着数或全部着数，或者也可以规定在每步棋之后有一个附加数量的时间。所有这些都应在比赛前明确规定。

一方在一个时限内所节省的时间应与他下一时限可利用的时间相加，以便他累计使用，除非采用"加长"时间的用时模式。

在"加长"时间的用时模式中，双方都拥有规定的"基本思考时间"。每方在每一次行棋时还有一定的"固定附加时间"。在固定附加时间用完后，才开始缩减基本思考时间。如果棋手在固定附加时间用完之前按钟，无论固定附加时间所用多少，其基本思考时间不会改变。

3. 每一个钟面都有一面"钟旗"。当钟旗降落，应立即根据2.1条款要求进行超时审查。

4. 在对局开始之前，由裁判员决定棋钟的放置朝向。

5. 规定的时间一到，应启动行棋方的棋钟。

6. 如果双方都迟到，则先开动白方的钟，直至他到达赛桌，除非竞赛规程另有特殊规定或裁判员另有决定。

7. 规定开赛时间开始后，任何一方迟到赛桌 1 小时以上者判负，除非竞赛规程另有特殊规定或裁判员另有决定。

8. 在对局进行过程中，每方在棋盘上行棋后，都应按停己方的钟并启动对方的钟。应允许棋手随时按停己方的钟。如果棋手没有按停己方的钟，他的着法不算完成，除非所走的这步棋使对局结束。

在棋盘上行棋和按钟之间的时间应视作棋手所分配的时间之内。

棋手必须用行棋的同一只手来按钟。棋手把手指停留在按键上或笼罩住按键都是不允许的。

棋手必须正确地使用棋钟。禁止用力敲打钟键把钟拿起来或把它敲翻。

如果有一方不能用钟，该方可以提供一个裁判员认可的助手来完成这一动作。棋钟应由裁判员以公正的方式来调校。

9. 棋手的钟旗降落可以由裁判员目察确认，或者由对局的任何一方提出有效的指证。

10. 除了特别规定外，如果一个棋手在规定时间内没有完成规定的着数，该棋手即应被判输棋。但是，如果一方通过任何可能的合乎规则的着法，同时即便其对手用最差的着法应对，都无法将死对方的王，则对局结果作为和棋。

11. 在棋钟没有发生明显故障的情况下，走时的每一个时分标志都被视作准确无误。有明显故障的棋钟应该更换；裁判员应充分发挥他的判断力，以确定新更换的钟上应当表明的时间。

12. 如果双方的钟旗都倒下，而且不能断定谁的小旗先倒下，则按以下情况分别处理：

（1）如果双方小旗都倒的情况不是发生在对局的最后时段，而是在其他时段，对局应该继续。

（2）如果双方小旗都倒的情况发生在一局棋中所有余下的着数都必须完成的最后时段，则对局应判为和局。

13. 如果对局需要中断，裁判员应按停双方的钟。

棋手为了寻求裁判员的帮助，才可以按停己方的棋钟。例如：进行兵的升变时，需要取得升变用的棋子。

以上任一情况下，应由裁判员决定何时重新开始对局。

棋手为了寻求裁判员的帮助而停钟，裁判员应确定其是否具有正当的理由。如明显无理，裁判员应按最后条款给予处罚。

14. 如果出现不合乎规则着法以及一些棋子必须恢复到该着法未走出之前的位置，裁判员应充分发挥他的判断力以确定棋钟上应表明的时分。如果必要，裁判员也应该调整棋钟的着法计数。

15. 在赛厅里允许使用投影屏幕、监视器或大棋盘同步显示对局的局面，允许它们显示棋局的着法和已弈的着数，也允许使用表明双方着数的棋钟，棋手不得以这种显示方式为由提出质疑。

胜负

一方发动进攻，要在下一着把对方的王吃掉，称为"将军"。被"将军"的一方必须采取保卫的措施，这种着法称为"应将"。被"将军"时不"应将"是不可以的。因为王是不能兑换的棋子。被"将军"时无法"应将"，就算"将死"。"将军"的一方法达到了对局的目的而获得胜利。

应将的办法有三种：一、把王从被对方"将军"的一格避开到不被对方吃掉的一格上去；二、吃掉对方进行"将军"的棋子；三、"垫"，就是用自己的任何一个棋子，放在对方进行"将军"的那个棋子与自己王的中间（任何一格上），阻隔住对方棋子的杀线。

如果对方用马或兵将军，那么"垫"的办法就不适用了。如果两个对方的棋子同时叫"将军"，那么就只有一个办法——避王。

如图，白车正在叫"将军"。黑棋可以逃王 d8 到 c7 格，也可以用象 b3 吃掉 d1 白车，或者把车从 a4 垫到 d4 格子。在现在具体局势下，当然是以消灭对方攻击子为最佳。如果白马从 g5 跳开到 e6 格，叫"将军"，同时敞开了 h4 白象的杀线，也叫"将军"，这就叫做"双将"。这时黑

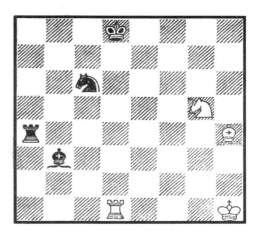

棋如果用 b3 象吃掉 e6 白马，白象就要吃黑王；如果用 a4 车吃白象，则白马就要吃黑王；用 c6 黑马去"垫"在 e7 格，也没用处，因白马无

轧脚，照样吃黑王，因此黑棋唯有逃王一个办法。

为了说明的简便，我们也可把"将军"称为"将"，把"将死"称为"杀"。

和棋

国际象棋对局，下到最后谁也赢不了谁，谁也将不死谁的时候，就成为和棋了。

国际象棋规则规定有 7 种和棋，其中有许多规定是和中国象棋规则不同的，有许多情况是不容易遇到的。初学者有必要把它的解释弄清楚。

（1）"无子可动"算"逼和"。轮到走棋的一方，如果王未被"将军"，却无路可走，同时其他棋子也都无路可走，这就叫做"无子可动"。"逼和"的规定给国际象棋增添了乐趣，占优势的一方要时刻留神，避免造成逼和结局。居劣势的一方也要善于利用机会。造成逼和，是一种特殊技术，在残局战斗中经常要用到。

（2）双方都只剩王，或一方剩王，而对方剩王和单马或单象者。单马或单象不能胜单王，也是由"逼和"的规定所决定的。双马对单王，除了特殊的巧胜外，一般也是和棋。

（3）双方都只剩王和单象，而两象的活动领域又是同一颜色的。

如果双方象的活动领域不同颜色，除了特殊的巧胜外，一般也是和棋。这里的所谓巧胜是指一方走了非常明显的败着之后形成的局面。

（4）一方"长将"，而对方的王却无法避免被"长将"。既然"长将"可以和棋，长捉当然也是许可的了，因为长将就是长捉对方王的意思。国际象棋对局中常常可以看到，弃掉一个棋子造成长将和的情况。

（5）一方走出自己轮走的一着棋之后，提议作和，对方表示同意。双方同意作和的情况是常见的。在实行这一规则时，要注意不得利用提议和棋干扰对方思考。因此，比赛规则规定：①提议和棋的一方先要走出自己轮走的一着，这样就避免了用提议和棋试探对方意图后再决定自己走法的弊端。②走子以后，提和。然后才可按动对方的钟，等待对方答复。提议和棋的一方，要在自己思考的时间内提和。对方钟一走动，就失去提和权利，不得打岔干扰对方思考。对方思考是否接受提和的时间，由对方自己承担。提出建议后，即可按钟。③对方可以表示接受，同意。也可以用口头声明或继续走棋表示拒绝。④在对方没有表示同意或拒绝以前，提和的一方不许撤回自己的提议。被拒绝的和议，立即失效。拒绝对方提和以后，走了几步，如果又想和局必须重提，等待另一方同意。⑤提议和棋不能由一方连续提出。而只许双方交替为之。即：一方提议和棋，经对方拒绝后，非经对方也提议一次和棋（亦遭拒绝），不得再度提出。

（6）一方发觉从某着起，双方已经走了50回合以上，而在这过程中谁也没有吃掉对方任何棋子，并且双方任何一个兵也未动过，那么，他就可以要求停止对局，作为和棋。但经过审查，确定追溯到50回合以前的那个局面是可以致胜的，只不过要超出50个回合才行，那么停止对局的要求须等再走50个回合后方可提出。这一规定，一般对局时很少遇到。它主要针对无限制地延续对局的企图。

（7）对局中同一局面连续或间断重复出现三次或三次以上，并且每次都轮到同一方走棋，可判和棋。这种和棋在对局中常可遇到，对局者常常容易疏忽或者混淆弄错，有时甚至发生纠纷，有必要把它解释清楚。

按照比赛规则，出现上述三次重复局面时，轮走下一着棋子的一方可以不走棋而要求裁判员让对局停止，判作和棋。或者轮到走棋的一方看到自己下子后，结果将出现上述重复局面，因而自己不走棋而要求裁判员让对局停止，判作和棋。

出现上述重复局面的前后，谁有权提出判和要求是规定得清清楚楚的，不能搞错。如果某一方在出现三次或三次以上的重复局面时走了轮走的一着，那就暂时失去要求判和的资格，只好等到下一次出现同一局面时再要求裁判员判和。

封棋

1. 如果比赛规定结束时间已到而对局没有结束，裁判员应要求行棋方"封着"。该方必须把他的着法清楚明了地记在他的记录纸上，将双方记录纸装入信封并封口后方能按停己方的钟（但这时不能启动对方的钟）。只要行棋方没有按停棋钟，他仍有权改变封棋着法。如果在裁判员宣布封棋后，行棋方把这着棋在棋盘上走了出来，那么，他必须把同样的着法作为封棋着法记在记录纸上。

行棋方在比赛规定结束时间未到提前封棋，应作为正常比赛结束时间的封棋同样处理，他的所剩时间应予记录。

2. 封棋信封上应注明如下内容：

（1）双方姓名；

（2）封棋时的局面；

（3）每方所用的时间；

（4）封棋方姓名；

（5）封棋时的着数；

（6）在临封棋前的提和建议；

（7）日期、时间和续赛地点。

3. 裁判员应查验信封上所注明的各项内容是否正确无误，并负责妥善保管好封棋信封。

4. 如果一方在对方封棋以后提和，在对方按相关规则接受它或拒绝它之前，提和始终有效。

5. 续赛前，应该在棋盘上摆出封棋时的局面，同时应按封棋时的每方用时把棋钟调好。

6. 如果续赛之前双方同意和棋，或者如果一方通知裁判员他认输，那么对局即告结束。

7. 封棋信封必须在非封棋方在场时才能打开。

8. 除了在规则的特殊情况之外，封棋方以如下方式记录封着者判输：

（1） 模棱两可的着法；

（2） 实际意义不能成立的着法；

（3） 不合规则的着法。

9. 如果预定的续赛时间已到时：

（1） 非封棋方到场，打开封棋信封，在棋盘上摆出封着，并启动非封棋方的钟。

（2） 非封棋方未到场，他的钟应该启动。等他到场后，他可以按己方的钟并召唤裁判员。此时，打开封棋信封，在棋盘上摆出封着，然后启动他的钟。

（3） 封棋方未到场，非封棋方有权把应着记在记录纸上，把记录纸封入新的封棋信封内，按停己方的钟并启动缺席方的钟，代替以通常的方式走出应着。在这样做之后，新的封棋信封应交给裁判员，由其妥善保管，直至缺席方到达时才打开。

10. 封棋续赛开始后，棋手迟到 1 小时以上者判负。但是，如果迟到棋手是封棋方，在出现下列情况之一时，则裁判方法不同：

（1） 封着已把对方王将死，应判缺席封局方胜棋。

（2） 封着已造成无子可动的局面，对局结果判和。

（3） 到场的非封棋方如行棋超过时限，按规则相关条款规定，应予判负。

11. 封棋信封遗失：

（1） 如果包含封着的封棋信封遗失，对局应以封棋时的局面开始续赛，棋钟应调到封棋时所记录的时间。如果封棋时的双方用时不能重新确定，由裁判员处理棋钟用时问题。封棋方则在棋盘上走出封着。

（2）如果不能重新摆成封棋时的局面，对局应当作废重下。

12. 续赛时，任何一方棋手只要在走出第一着棋以前提出任何一方的钟所示用时有误差，棋钟误差应予纠正。否则即使棋钟有误差也无须纠正，对局应继续进行。但如果裁判员认为由此将引起非常严重的后果，则可予以纠正。

13. 每一个封棋续赛时段的赛时由裁判员的计时器具来控制。开始和结束时间要预先宣布。

记谱与读谱

有不少国际象棋爱好者下了很多年的国际象棋，也不懂得国际象棋的棋谱记录。因为，只要懂得棋规，即使不认得棋谱记录，也同样可以下棋。

然而，在正式的国际象棋比赛中，按规则规定，双方必须逐着进行棋步的记录。因此，要想参加比赛，在比赛中把棋步逐着地记录下来，并在赛后复盘研究，总结经验，就必须学习和掌握国际象棋的记谱法和常用的记录符号。掌握国际象棋的记谱法和常用记录符号以后，平时可以读谱、打谱。这样，通过棋谱学习国际象棋的棋艺理论，棋艺的提高自然要快些。

国际象棋记谱法有好几种，但目前世界上通用座标记谱法（或称代数记谱法）。

着法有两种记法：

（1）完整记录法

每一着棋先记棋子名称（兵可省略不记），再记棋子原先的位置，接着加"—"或"×"的符号（"—"表示不吃子，"×"表示吃子），最后标出棋子新到的位置。

例如，图 A，中白马跳到黑点格，这一着应记为马 g1—f3。又如黑点格有黑象，如图 B 所示。这时，白马吃黑象，应记为马 g1 × f3。

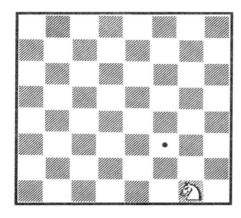

图 A

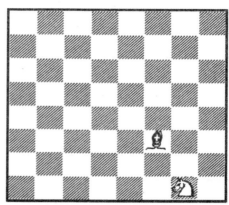

图 B

（2）简易记录法

每着棋先记棋子名称（兵可省略不记），再记走完这着棋后棋子新到达的格位。如这着棋吃了对方的棋子，就在棋子名称和新到格位之间加"×"符号。

例如，上例马 g1－f3 着法可简记为马 f3；又如，上例马 g1×f3 着法可简记为马×f3。

如果有两个兵种相同的棋子都可走到同一方格中去，为加以辨别，应在棋子名称后加记棋子原来位置的标志。例如，图 A 演成图 B 的着法，记为马 g×f3。

兵的着法表示还可以再简单，例如，白兵从 e4 吃去黑 d5 兵可简记为×d5 或 ed。

国际棋联从 1985 年起规定：参加比赛的赛员，一律统一采用简易记录法。

（3）常用的国际象棋记录符号

0—0　短易位

0—0—0　长易位

+ 将军　++ 双将　# 将死

！好棋　!! 妙棋

? 坏棋　?? 劣着

= 后　升变为后　l? 激烈的着法

e. p. （法语 en pagsant 缩略语）吃过路兵

～　任意着法

兵升变为"后"这着棋，应在着法后加"变后"两字，或简写为" = 后"。

兵升变为车、马、象可分别记为" = 车"、" = 马"、" = 象"。

一局棋胜负的表示符号：

1—0 或 1:0 表示白胜。

0—l 或 0:1 表示黑胜。

1/2—1/2 或 1/2：1/2 表示和棋。

表示胜负的记录符号应记在局末。

我们掌握了记谱的方法，了解了棋谱上各种符号所表示的意思以后，就可以阅读棋谱了。

快棋赛规则

快棋赛是指全部着法必须在每方 15 分钟至 60 分钟的规定时间内或者在某固定时间外再加上 60 乘每步的加秒后每方总用时为 15 至 60 分钟的时限范围内走完的比赛。

除了与本快棋规则相抵触的情况外，棋手应遵循国际棋联国际象棋规则（以下简称规则）。

棋手双方都无须记录着法。

在任何一方走完 3 着棋，所有关于棋子位置、棋盘朝向以及棋钟调校不正确等问题，一概不得提出质疑。如王和后两子位置倒置，错位的王不允许再易位。

一方走出不合规则的棋步后，一旦已经按钟使对方的棋钟开动，则对方在走棋以前有权指控对手走了不合规则的棋着，这时裁判员才可按规则进行处理。

但是，如果双方的王都处于被将军状态或兵的升变过程没有完成，则裁判员在有可能的情况下应予干涉。

只有一方棋手有效地指出对方钟旗倒下，裁判员才能予以裁定。裁判员不得提示任何一方钟旗的倒下。

宣告对方超时己方获胜者，必须按停双方棋钟并通知裁判员。为了确认提出获胜一方的要求是有效的，在停钟以后该方的钟旗必须竖着，而对方的钟旗必须倒下。

如果双方钟旗均落下，则对局判为和棋。

超快棋赛规则

超快棋赛或称闪电式棋赛，是指全部着法必须在每方少于 15 分钟或者在某固定时间外再加上 60 乘每步的加秒后总用时在 15 分钟以下的规定时限范围内走完的比赛。

当一方走了不合规则的棋步后一旦使对方的棋钟开动，对方就有权在走出自己这步棋之前，指控其对手走了不合规则的棋步。但是，如果对方通过任何可能的合乎规则着法，同时在走出不合规则着法的一方即使用最差的应着的情况下，都无法将死时，其对手在行棋前有权要求判和。不过，一旦对方走出自己的着法，不合规则的棋步就不能予以纠正。

PART 5 场地设施

国际棋联规定了用于国际棋联比赛的国际象棋器具和场地的一般标准和要求。

凡国际棋联系统的比赛，国际象棋奥林匹克赛和其他在国际棋联注册的比赛，比赛的组织者（东道主）所提供的国际象棋比赛器具必须符合下列条文规定的标准，并且必须由裁判长认可。

凡世界个人冠军赛或洲个人冠军赛决赛用的国际象棋棋子必须由比赛双方认可；必须由比赛双方认可的其他器材还有棋桌、棋盘和棋钟。

如果棋手双方中有任何一方不同意，则比赛用的器具应由对抗赛的裁判长来决定，裁判长掌握下列条文中规定的棋具大小尺寸和形状的标准。

国际棋联高度推荐在比赛中所有的对局都采用同样的国际象棋棋具。

棋　子

棋子必须由木料、塑料或这些材质的其他仿制品制成。王的高度应为7～9厘米。王的底座直径应为其高度的40%～50%。其他各子的大

小与各自的高度和形状也应有个比例；其他诸如稳定性、艺术性等因素也应考虑在内。棋子的重量应该适合于移动的方便并具有稳定性。

国际棋联比赛中推荐采用新的斯汤顿型棋子。棋子造型必须清楚地易于互相辨别其棋种，特别是王和后的棋子头部要有明显区别。象头要有凹口，或用不同的颜色以便和兵的形状有明显区别。

棋子

黑方棋子应当是棕色或黑色，或者是其他深色。白方棋子可呈白色或奶油色，或其他浅色。天然的木质颜色（胡桃木、枫树木等）也可以使用。棋子颜色不宜刺眼，看上去应当感到舒适。

棋　盘

棋　盘

世界冠军赛或洲冠军赛必须用木制棋盘。其他的国际棋联注册的比赛推荐采用木料、塑料或硬纸板制成的棋盘。不论是哪一种材质制作的棋盘，都应当坚固耐用。棋盘也可以用深浅颜色对比适度的石料或大理石来做，但必须经裁判长认可。颜色对比度合适的天然木料，诸如桦木、枫木或欧洲嵌镶胡桃木、柚木、山毛榉等等，也能用来制成棋盘，它们必须经过不反光或中等程度的抛光处理，因而不会刺眼。棋盘方格除了天然的颜色以外，也可以用色彩的组合，如黑格用棕色、绿色或很浅的棕褐色等，白格用白色、奶油色、米色、象牙色或浅黄色等相配。

棋盘方格的大小应当是兵的底面直径的两倍。建议棋盘方格的边长为 5～6.5 厘米。棋桌高度也必须适当方便棋盘架上。如果棋盘和棋桌互相分开，那么棋盘要固定于棋桌上，以免走子过程中发生移动。

棋　桌

棋桌

棋桌的大小尺寸，其长度应为棋盘长度的两倍，其宽度应比棋盘宽出 15～20 厘米。关于顶尖水平的国际棋联比赛，建议采用最小尺寸为 120 厘米 × 80 厘米的桌子。桌子和椅子的高度应以棋手感到舒适为宜。椅子移动时应避免任何噪音。

棋　钟

机械式棋钟要求时针能准确地指明钟点。钟上应有所谓的"倒旗"，它落下时要求清晰可见，以便于裁判员和双方棋手校验时间。

棋钟要求避免刺眼以免钟旗看不清楚，并要求运行时发生的声响尽量地小，以免干扰棋手在比赛时的思考。

电子棋钟的要求：

（1）棋钟的功能完全符合国际棋联国际象棋规则。

机械式棋钟

（2）棋钟的显示在任何时刻都应清楚地指明棋手完成下一步棋所能利用的时间。

（3）棋钟的显示至少在 3 米内必须看得清楚。

（4）棋手必须至少在 10 米以外都能看得清哪一个钟在走。

（5）在通过时限时，显示的符号必须清楚地表明哪一方首先超时。

（6）对于以电池为能源的棋钟，需要采用低电池的指示件。

（7）采用低电池指示的棋钟时，棋钟的无缺陷工作至少应为 10 小时。

（8）对于正确地预告通过时限必须给予特殊的注意。

（9）在采用累积或延迟的计时体系时，如果棋手已经通过最后的时限，棋钟不应另加任何附加时间。

（10）在进行时间处罚时，裁判员必须有可能在 60 秒的时间内把时间和棋步的计数校正好。

（11）棋钟必须是不能用一种

电子棋钟

简单的操作就可以消除或更改其显示的数据。

（12）棋钟上必须包含简短的使用说明。用于国际棋联赛事的国际象棋电子计时钟必须有国际棋联技术委员会的认可。

比赛厅

对于最高等级的比赛，每一盘棋必须占有的最小空间为 9 平方米，而裁判人员和观众的空间还不包括在内。对于其他比赛，每盘棋的最小空间应为 5 平方米。棋盘和观众之间的距离一般不得少于 1 米；对于最高等级的比赛，不得少于 1.5 米。

比赛现场

PART 6 项目术语

攻击（Attack）：在棋盘的某一个区域里开始的一次进取的行动，或是吃子、吃兵的威胁。

叠（Battery）：在一个竖线上放两个车或在同一个斜线上放一个象、一个后。

冒险家（Berserker）：只用一两个棋子进攻的疯狂走法。以自己疯狂战斗的古老的斯堪的纳维亚战士命名的，并且后来被他们的对手用尊敬的战略或人身的危险所改变。

双象（Bishop pair）：双象对一象一马或双马。双象共同工作得很好，因为他们能控制两个颜色的斜线。

异色格象（Opposite – colored Bishops）：当棋手各有一个象并且是在不同色的格子里。异色格象永远无法直接接触。

封锁（Blockade）：用一个棋子（理想的是马）直接地放在敌兵前面，阻止它前进。由尼姆佐维奇普及的。

大漏着（Blunder）：导致丢子或导致局面上或战术上决定性让步的可怕的着法。

突破（Breakthrough）：侵入敌人的阵地。

易位（Castle）：同时移动国王和车。易位是棋手在一步棋中走两个棋子的唯一的走法。易位允许棋手移动他的国王离开中心到侧面（开局中的重头戏），在那儿它可能由兵保护。另外，易位出动了一只车。当白方王翼易位时，他把国王从 e1 走到 g1 并把他 h1 的车走到 f1。当黑方王翼易位时，他把国王从 e8 走到 g8 并把他 h8 的车走到 f8。当白方后翼易位时，他把他的国王从 e1 走到 c1 并把他 a1 车走到 d1。而当黑方后翼易位时，他把他的国王从 e8 走到 c8 并把他 a8 车走到 d8。

中心（Center）：棋盘上由 c3 – c6 – f6 – f3 格围成的正方形。e4，d4，e5 和 d5 是中心的最重要的部份。e 线和 d 线是中心竖线。

将死（Checkmate）：无法解脱的对王的攻击。当一个棋手将死他的对手的国王，他就赢了此局。

浪漫（Romantic）：从 19 世纪初到其中叶是国际象棋的浪漫（或男子）时代，那时弃子和攻击被认为是男子气概的唯一表达方式。如果有人提供了弃子，拒绝被认为是怯懦可耻的。今天，有为大胆攻击和弃子倾向的棋手，经常试探地行动，也被叫作浪漫。

古典（Classical）：聚焦于建立完全的兵中心的下法。古典原则倾向于教条和顽固。古典棋手的哲学最终受到"超现代主义"的挑战。

超现代主义（Hypermodern）：针对国际象棋古典理论的思想学派。超现代主义坚持兵在开局时的中心将成为目标。这个运动的英雄是理查·列基和亚伦·尼姆佐维奇，他们俩阐明了侧翼控制中心的想法。像古典主义者的想法那样，那些超现代主义者可能过于极端。现今，从正反两面看好象更正确。两种哲学的升华是妥善处理任何一个特殊情况所需要的。

封闭性局面（Closed game）：由固定的兵链阻碍着的局面。这样的局面倾向于马强于象，因为兵阻拦着斜线。

兵型（Pawn structure）：也指兵骨架。所有兵的位置的各个方面。

弃兵（Gambit）：开局中自愿牺牲至少一个兵，想法是获得补偿的某种优势（通常是出子的时间）。

叠兵（Doubled pawns）：同样颜色的两个兵处于一条竖线上。叠兵是用兵吃子的结果。

低升变（Underpromotion）：兵变成比后小的棋子。

通路兵（Passed pawn）：任何敌兵都无法影响其前进的兵，因此是有严重的升变威胁的兵。

通路联兵（Connected passed pawns）：在毗邻的竖线上的两个或更多同样颜色的通路兵。

有根通路兵（Protected passed pawn）：是在其他兵的保护下的通路兵。

控制（Control）：完全地控制棋盘的某个区域。控制一条竖线或一个格子，或只是有主动性，都能构成控制。

反击（Counterplay）：处于防御的棋手开始他自己的进取的行动，叫反击。

束缚（Cramp）：通常是在空间上吃亏的结果，缺乏机动性。

关键局面（Critical position）：对局的重要一点，胜利或失败的平衡点。

引入（Decoy）：诱使对手的棋子到一个特殊格子的战术。

防御（Defense）：有计划地反对敌人进攻的一步或一系列的几步棋，也用在许多由黑方决定的开局的名字。

引离（Deflection）：包括赶走对手的主要保卫者，以便瘫痪对手防御的战术。

出子（Development）：把棋子从最初的位置走到新岗位的走子过程，这样他们就控制了更多的格子和有更大的机动性。

闪击（Discovered attack）：埋伏。王后、车或象在等待攻击，只要其他的棋子或兵让开了路。

双重攻击（Double attack）：同时攻击两个目标的着法。

国际棋联（FIDE）：首字母缩略词。

国际等级分（Elo rating）：评价棋手的系统。由密尔沃基（Milwaukee）的 Arpad Elo（1903 – 1993）教授构想并被 FIDE 在 1970 年采用的。

初学者也许有 900 分，一般的俱乐部球员 1600 分，州冠军 2300 分，世界冠军 2800 分。

均势（Equality）：双方都没有的优势或各种优势总体是平衡的局面。

交换（Exchange）：兑子，通常棋子的价值相等。

得半子（Exchange，The）：制胜的交换，意味着您赢得了一只车（5 分）对象或马（3 分）的交换。

蟹眼象（Fianchetto）：意大利语，在侧面的意思并只适用于象。蟹眼象对白象就是在 g2 或 b2，对黑象在 g7 或 b7。

子力（Force）：物质。物质优势是一个棋手比他对手有更多的物质或他在棋盘的某个特定区域比对手的人多。

强迫（Forced）：避免灾害而必须走的一步或一系列着法。

捉双（Fork）：一个棋子同时攻击敌方两个棋子或兵的战术运子。

一般原则（General principles）：国际象棋的根本法则，用来使稍差的棋手对不同的局面作出合理的反应。特级大师使用得比您会想象的要多！

大师（Master）：在美国，一个等级分 2200 或更多的棋手。如果棋手的等级分下降到 2200 以下，称号被废止。

特级大师（Grandmaster）：由国际棋联授予棋手的称号，有确定的整套标准，包括高的国际等级分。这是国际象棋里最高的称号（除世界冠军之外）。低些的称号包括国际大师和棋联大师，是国际比赛上最低的称号。一旦赢得特级大师称号就无法被撤消。

半开放线（Half－open file）：一个棋手没有兵但对方有一个或更多的兵。

竖线（File）：垂直的八个格子组成的。特指代数记谱法的 a 线、b 线等等。

悬（Hang）：是无保护和被瞄上的。

弱格（Hole）：无法由兵保卫的格子。这样的格子给棋子一个满意的家，因为棋子无法被敌兵驱赶。亦称前哨点。

主动权（Initiative）：当一方走了能令对手必须反应的威胁，就说明拥有主动权。

垫（Interpose）：把棋子或兵放在敌方攻击棋子和被攻击的棋子之间。

直觉（Intuition）：由"感觉"而不是由演算发现正确的着法或战略。

小窗口（Luft）：德语空气的意思。在国际象棋里，它意味给国王呼吸的空间。它描述的是王前的一个兵走了，以避底线将杀的可能性。

强子（Major pieces）：王后和车。也叫重子。

轻子（Minor pieces）：象和马。

机动性（Mobility）：棋子的行动自由。

占领（Occupation）：车或王后控制一条竖线或横线被称为占领那条线。一个棋子被说成占领哪个格子是它正在那个格子上。

公开赛（Open）：指什么水平棋手都可以参加的一种比赛。虽然经常是棋手最终碰到比自己强或弱的对手，但奖励通常也是按组别的。这样的公开赛在美国很普遍。

开放性局面（Open game）：有许多开放的横线、竖线或斜线，少量的中心兵的局面。在这种类型的局面中出子领先变得非常重要。

过度扩张（Overextension）：当向前推兵太快地获得空间并试图控制很多地域，棋手的阵营里就留下弱点或削弱了前进的兵。他就被认为是过度扩张了。

过载（Overworked piece）：一个棋子被用来参与保护太多的其它棋子。

组合（Combination）：利用局面的特殊性希望达到某一目标的，结合弃子的一系列强制着法。

小组合（Petite combination）：只涉及几步棋的组合。

大组合（Grande combination）：包含许多步棋和许多类型战术的组合。

计划（Plan）：棋手基于他的着法的短期或长远的目标。

点数（Point count）：给棋子下面数值的记分系统：国王无价；王后9点；车5点；象3点；马3点；兵1点。

局面（Positional）：根据长远考虑的一步棋或走法。缓慢的积累小优势被认为是局面的走法。

开局准备（Prepared variation）：专业棋手普遍分析书中开局希望发现一个新的着法或计划。当棋手有这样一个发现，他经常将保存这个准备的变着以便用于对付某个专门的对手。

升变（Promotion）：也叫变后。当兵达到第8横线，它能被升变为同样颜色的象、马、车或（最共同地）王后。

后翼（Queenside）：棋盘的一半，包括a、c、b和d线。后翼上的棋子是王后、在它旁边的象、在象旁边的马和在马旁边的车。

侧翼（Flank）：a，b和c线在后翼，而f，g和h线在王翼。

王翼（Kingside）：棋盘的一半，e、f、g和h线。王翼上的棋子是国王、在它旁边的象、马在象的旁边，而车在马的旁边。

安静的一着（Quiet move）：不是吃子、将军或直接威胁的不摆架子的着法。安静的一着经常发生运子或组合的结尾，吃回点数。

横线（Rank）：水平排列的八个格子。在代数记谱法中记作第1线，第2线，等等。

认输（Resign）：当棋手意识到他失败，没有等到将死就客气地放弃比赛。认输时，棋手可以简单地说"我认输，"或他也可以把他的国王放倒。刚开始学下棋，建议绝不认输，要从头走到尾。

皇家捉双（Royal fork）：攻击国王和王后的捉双。

弃子（Sacrifice）：为获取在空间、时间、兵型，甚至在子力（可能在棋盘的某个区域导致子力优势）上的好处而自愿放弃物质。不同于组合的是，弃子通常不是一件可靠的东西并经常需要一个不确定因素。

简化（Simplify）：交换棋子使局面安静下来，消灭对手的攻击潜力，或澄清局势。

穿串（Skewer）：对一个很有价值的棋子的一个威胁，它会被迫走开而允许吃掉它后面的一个价值较小的棋子。

闷杀（Smothered checkmate）：当国王被它自己的棋子完全地围拢（或是在棋盘的边缘）并且受到一个无法回击的将军时，他就被闷杀将死了。闷杀经常由马来完成。

空间（Space）：由各个棋手控制的领地。

空间数（Space count）：过去经常用来确定谁控制更多空间的数字系统，一个棋手那一侧棋盘上的每个格子为 1 点，被对方的棋子或兵控制就属于对方。

冒险（Speculative move）：没有明确结果的通常是必要的着法。有时充分的计算是不可能的，因此棋手必须依靠直觉，一个冒险的计划也许就出现了。经常涉及到弃子。例如，白方走了一个冒险的弃子之类。

无子可动（Stalemate）：在英语里，是指敌对的两支部队之间的对峙。在国际象棋术语里，指一个棋手被束缚得很厉害，以至于任一合乎规则的走法都将暴露他的国王于直接的将军之下。无子可动是和棋（平局）。

风格（Style）：棋手下棋的路数，反射他的个性和偏好。棋手选择的着法风格通常表现了棋手的个人特征。在比赛中典型的是风格相反的两个棋手（例如，一个攻击者对一个安静的局面棋手），优胜者将是那个成功地强加他风格的一位。

战术（Tactics）：利用短暂的机会争取优势的调遣。有很多陷阱和组合的局面自然被认为是战术的。

先手（Tempo）：作为时间单位的一步棋。如果棋子到达一个有用的格子用一着棋但却走了两步，那它失去一个先手。黑方获一先而白方则失去一先，因为白王后被攻击必须第二次走王后到安全的地方。

理论（Theory）：书里的著名开局、中局和残局局面。

时间控制（Time control）：每个棋手必须走完一定步数的规定时间。在国际比赛中，典型的时间控制是每个棋手用两个小时完成40步。在各个棋手走完40步之后，被给以另外的时间（通常1个小时20步）。如果棋手用尽了他的时间，但未走完必须的步数，不管局面如何他都被判负。

时间恐慌（Time pressure）：国际象棋比赛对局中最扣人心弦的时刻之一。当一个或两个棋手用完棋钟上的决大部分时间而仍需要几步棋才能达到规定的40或45步，他们开始快速走棋，有时在疯狂的恐慌中扔下棋子。出现可怕的大漏着的阶段。一些棋手几乎每场比赛都进入时间恐慌，被认为是时间恐慌癖。

交汇点（Transposition）：由不同的次序得到的一个相同的开局局面。例如，法兰西防御的 1. e4 e6 2. d4 d5 通常也能由 1. d4 e6 2. e4 d5 的次序得到。

陷阱（Trap）：暗中引诱使对手犯错误的方法。

常用战术

引入战术

一方有意识地（主动地）走出一着棋，把对方的棋子引到自己所需要的格子上的战术，叫"引入战术"。

如图 7－1 所示，黑方多兵，有子力优势，现该白方走子：①后 a8＋王 g7 ②象 e5＋弃象打将，引入黑后走到不利的位置。②…后 e5 ③后 h8＋弃后打将，威胁抽吃黑后，迫使黑王吃掉白后。白方把黑王引入到自己需要的格子上。③…王 h8 ④马 f7＋白方马吃车打将以后，又抽吃黑后，白方多子胜定。白方连续使用两次引入战术，最后达到多子取胜的目的。

图 7－1

引离战术

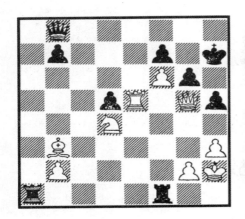

图 7 - 2

一方用弃子或兑子手段，使对方某个棋子离开其所保护（或掩护）的棋子或格子的战术，叫"引离战术"。

引离战术与引入战术相似，目的是强行调动对方子力，破坏对方的防御能力，以便使自己得到子力优势或局面优势。

如图 7 - 2 所示，现该黑方走子；①…后 e5 + 弃后引离白后，消除白后对 h4 格的防守。②后 e5 h4！控制 g3 格，准备车 h1 杀白王。③g4 车 f2 + + 黑胜。

兵的升变战术

利用兵升变的手段，来达到改变双方子力对比或谋求必胜局面的战术。称为"兵的升变战术"。

兵的升变战术，是残局中争取胜利的一种常用战术。兵升变时，变什么棋子最为有利呢？这决定于当时的棋局形势。在正常情况下，兵一般要先变为"后"，因为后的威力最大。但是，在特殊情况下，例如兵变"后"的结果，造成"逼和"，或出现双方对攻的局面，失去了本来可以获胜的机会，那么兵升变时就应根据局面的特点，考虑是变"车"、变"马"、还是变"象"，以达到谋求取胜的目的。我们把兵升变成"车"、"马"、"象"的情况称为兵的"特殊升变"。

下面举例说明兵的特殊升变战术的运用。

一、变"车"

如图 7 - 3 所示，现轮白方走棋，白方变"车"能取胜，若变"后"，则成逼和。因此必须使兵变"车"。①b8变车，王 h2 ②车h8＋＋白胜。

二、变"马"

如图 7－4 所示，现轮白方走子，白兵吃马后，兵变"马"能取胜。若变"后"反而要输棋。①fe 变马＋ 王 e5 ②马 g7 以后白马吃掉黑方 h5 兵，再保护 h2 兵变"后"取胜（如果走①fe 变后？后 g4＋＋黑胜）。

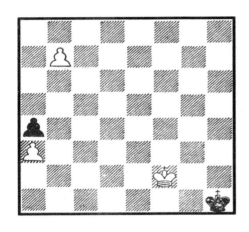

图 7－3

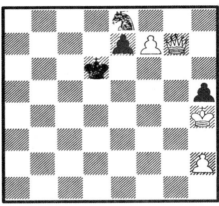

图 7－4

三、变"象"

如图 7－5 所示，现双方的兵都面临着要升变。现轮白方先走子，白方若是走①b8 变后？黑方则①…g1 变后 ②后 a7＋ 王 e2！③后 g1 形成逼和局面。正确着法：①b8 变象！！g1 变后 ②象 a7＋！王 e2 ③象 g1 王 e1 这样形成马、象对单王的理论获胜局面。

图 7－5

巧用和棋战术

国际象棋规则规定：长将是允许的着法，叫长将和。逼得对方无子可动的逼和局面应划为逼和。另外长捉对方棋子也是允许的，如果棋盘上出现三次重复局面，一方有权提出和棋。因此，在实战对局中，弱势的一方常常利用长将、逼和及长捉等手段来谋求和棋。这是以强制和棋为目的的一种巧用和棋战术。

下面举例说明怎样巧用和棋战术：

长将

如图7-6所示，出现这个局面时，现轮黑方走子，此时黑方认为，白方多兵有子力优势，黑方很难取胜。于是黑方经过计算，决定采用弃子手段，打开白王的保护墙，使白王暴露，再利用长将来谋求和棋。①… 车 f3！用车换马 ②gf 车 e1！再用车换象，消除白方王前的防守。③车e1 后 g3 + ④王 f1 后 f3 + ⑤王 g1后 g3 + ⑥王 h1 后 h3 + ⑦王 g1

图 7 - 6

后 g3 + ⑧王 f1 后 f3 +黑后在 g3、f3 和 h3 三个格子上连续不断地打将，而白王无法避将，形成长将和棋的局面。

逼和

如图7-7所示，出现这个局面时，现该白方走子。白方虽多一兵，但兵的位置不好，没有给黑方造成威胁。我们知道，在一局中哪一方的兵先冲到底线升变，哪一方就有取胜的希望。见图7-7，黑车占领着 g1

格，g3 格上的黑兵再走两步就可以到达底线去升变。因此，白方必须阻止黑兵升变。①象 f1！弃象引离黑车，使黑兵失去保护，同时想阻止黑兵冲到 g2 格（黑方若走①…车 f1 ②车 g3 黑兵被吃掉，形成车两兵对车象的理论和棋局面。若①…g2 ②象 g2 车 g2 ③车 g2 象 g2 则形成两兵对单象的理论和棋局面）。①…象 f3！黑方计算出以上变化，决定走象赶走 g4 格

图 7 - 7

上的车，想解除对 g3 黑兵的攻击。②象 g2！！妙着，再弃象牵制 f3 格上的黑象，使它不能去吃 g4 格上的白车，同时挡住了黑车对 g3 兵的保护。②…车 g2 黑方为了保护 g3 兵，无可奈何只好吃掉白象（若②…象 g2 ③车 g3 则义出现了车两兵对车象的理论和棋局面）。③车 g3！！弃车精妙之着，③…车 g3 + ③王 h4！去进攻 g3 格黑车。黑方若保留车走④…车 g1 则形成逼和局面。因为 f3 黑象控制了 d1—h5 斜线，使白王不能进入 h5 格；黑车控制了 g1—g8 直线，使白王也不能进入 g 线；两个白兵又被阻挡不能走动，白方无子可走。黑方若不保留车，则形成单象列两兵的理论和棋局面。此局白方利用和棋规则，连续弃掉象和车，并吃掉黑兵，巧用和棋战术。

长捉

如图 7 - 8 所示，出现这个局面时，现轮白方走子，① 象 g6 fg ② 马 f7！捉"后"，②…后 h7 ③马 g5 再捉"后"，③…后 h6 ④马 f7 后 h7 ⑤马 g5 后 h6 ⑥马 f7 后 h7 白方看到如果让黑后逃走，白兵很难去升变，白方要输棋。因此白方采用长捉手段，使局面形成三次重复局面，

图 7－8

强制成和棋（若②…g5 ③马 h6 + gh ④fg hg ⑤a5 h4 ⑥gh gh ⑦a6 h3 ⑧a7 h2 ⑨a8 变后 + 白方兵升变之后带将，黑兵无法去升变，白胜）。

消除防御战术

吸引和引离战术都有排除防御的目的，但它们都不是直接吃掉对方的防御子，直接吃掉对方防御子的战术叫"消除防御"。下面的例子采用简单的子力交换（即兑子）手段达到消除防御的战术目的。

例如白方用兑子手段达到消除防御目的。

①d4 马 f6 ②c4 e6 ③马 c3 象 b4 ④后 c2 d5⑤cd ed ⑥象 g5 后 d6

这里黑方最有力的应着是 ⑥…h6 ⑦e3 马 e4 ⑧象 f4 后 g6

这时黑方改走⑧…后 e7 较好，但是⑨象 d3 f5 ⑩马 e2 O－O ⑪O－O c6 ⑫f3 马×c3 ⑬bc 象 d6 ⑭象×d6 后×d6 ⑮e4，l 白方还是占优势。

⑨后 b3 c5

应当退象到 a5.

⑩f3 马×c3？

兑子的结果黑方失子。因此，不如走马 f6 稍好，但在⑪a3 象×c3 +⑫后×c3 以后，白方也占得明显优势。

⑪bc 象 a5（图 7－9）⑫象×b8！…

以象换马以后，白方消灭了

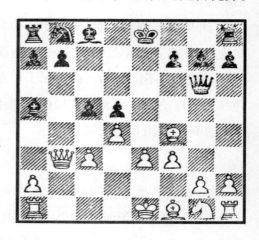

图 7－9

a5 象的保卫者。如⑫…车×b8 ⑬后a4＋，黑失子。

封塞战术

在开局和开局向中局过渡的阶段，另外一种常见的战术是封塞。对局中的一方经常采取弃子吸引的战术，强迫对方棋子自行堵塞要道或王路，然后造成闷杀。下面列举闷杀的实例。

例1

① e4 c6 ②d4 d5 ③马 c3 de ④马 xe4 马 d7 ⑤后 e2 马 gf6？？

黑棋出马，未曾察觉⑥马 d6 的杀着。

例2

①e4 d5 ②ed 后×d5 ③马 c3 后 a5 ④象 c4 马 f6 ⑤d3 象 g4 ⑥f3 象 h5 ⑦象 d2 c6 ⑧后 e2 马 bd7？（应走⑧…后 c7）⑨马 b5 后 d8 ⑩马 d6×

腾挪战术

在以封塞战术为主要手段的闷杀中，受攻方的王由于自己一方子力的堵塞而不能避开"将军"。与此类似，有时主攻方的某个棋子夺去了其它棋子的重要格位或者阻塞了另一棋子的重要线路，以致妨碍了进行战术攻击。这时可采取弃子方法腾出格位或腾开线路，这叫"腾挪战术"。腾挪战术有腾出格位、打开通路、敞开大斜线等几种不同形式。

牵制战术

牵制是棋战中最常用的战术，在布局阶段也不例外。牵制的各种不同形式，几乎在每一局棋中都可见到，这一点毫不夸张。

一方的某个棋子受到对方远射程棋子（车、象或后）的攻击，由于后面有价值更大的棋子或没有保护的棋子处于同一线（包括直行、横排和斜线）上而不得挪动时，称为被牵制。

如果被牵制子后面是王，这时被牵制子就完全失去活动的自由，称全牵制。如果被牵制子掩护的不是王，而是其它棋子，这时被牵制子为了更高的战略目的或者为了进行战术攻击的需要，可以有意识地弃掉它后面掩护的棋子，以摆脱牵制。

这里举一例局说明牵制战术在布局中的运用。白方在直行上形成的牵制最终决定了黑方的全部命运。

拦截战术

拦截的战术，是采取弃子手段，切断对方棋子之间的联系或者封塞它们通向重要格子的通道。这种战术在开局和开局向中局过渡的阶段，也屡见不鲜。下面的例局可资说明。

①e4 c5 ②马 f3 d6 ③d4 马 f6 ④马 c3 cd ⑤马 xd4 e6 ⑥象 c4 a6 ⑦象 b3 b5 ⑧0 – 0 象 e7

如改走 8…b4 逐马，然后马×e4 贪兵，白方出子快，黑有危险。

⑨f4 0 – 0 ⑩e5…

局面趋于复杂化，黑棋的精确应着保持足够的防御潜力。

⑩…de ⑪fe 马 fd7。

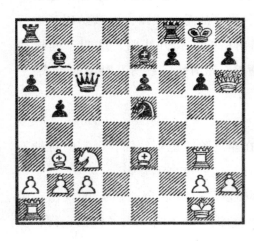

图 7－10

也可⑪…象 c5 象 e3 马 fd7。

⑫后 h5 马 c6 ⑬马 × c6 后 b6[+] 象 e3 后 xc6

如改走⑭…届 × e3 + ⑮王 h1 后 c5 ⑯马 × e7 + 后 × e7 ⑰马 e4，白棋有利，可以取得攻势。

⑮车 f3 象 b7

这里，先走⑮…象 c5 较好，黑方较易解除王翼的威胁，而黑象位在大斜线上可使黑方有机会反夺主动。局中先走象 b7，也未尝不可，但须接走象 c5，方可及时御敌。

⑯车 g3 g6 ⑰后 hs 马×e57（图7－10）

现在⑰…象 c5 已是迫在眉睫，非走不可了。大概白方只能 ⑱王 h1，则⑱…象×e3⁺⑲后×e3 马 c5，这样，黑后和象对 g2 位的压力可以抵消白棋在 h 线所造成的压力。

⑱象 d5！…

拦截战术！堵住大斜线，使黑后和黑象英雄无用武之地，如黑方退后避打或 ed 接受弃子，则⑲车 h3 即成绝杀！于是黑方只得缴枪。

捉双

捉双是中残局里常用的基本战术，它包括一子同时攻击对方两子，两子分捉对方两子等多种形式。在开局阶段，一般较为少见，但有时由于一系列强制性着法的结果，造成捉双的机会。这种情况甚至在高水平棋手的比赛中也难以避免。下面是一次比赛中的实例：

①e4 e5 ②马 f3 马 c6 ③d4 ed ④马 xd4 象 c5 ⑤象 e3 后 f6 ⑥c3 马 ge7 ⑦象 c4 马 e5 ⑧象 e2 d5 ⑨0－0 h5？

这里，正着应改走⑨…后 g6，如白走⑩ed，则⑩…象 h3（但勿走…马×d57 因有⑪象 b5＋ c6 ⑫马×c6 bc ⑬后×d5）⑬象 f3 0－0－0 黑棋形势很好。黑方⑨…h5 的着法期望白走⑩f4，则…马 g4，黑方满意。

⑩马 b5！后 b6？

黑方未能察觉白方的诡计，这时必须走⑩…象 d6。

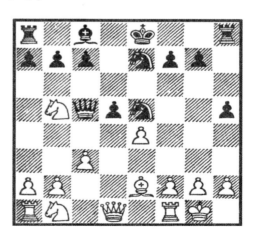

图 7－11

⑪象×c5 后×c5（图7–11）

⑫后d4！

强兑后，黑棋已不可避免要失子。因如接受兑后⑫…后 xd4，则⑬cd，白方有双重威胁，一面兵捉马，另一面马要吃兵抽将得车，黑顾此失彼，马、车两子，必失其一。如果避免，则黑e5位马无法保护，也是失子。因此，黑方只得认负。

以上列举的几种战术都是布局中常用的基本战术，实际对局中可能遇到的往往是几种基本战术的综合运用，形式多种多样。但其共同的局面特点是较早出现决定性的攻王机会或取得足以取胜的子力优势。

抽将战术

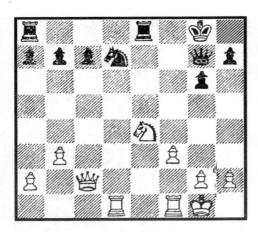

图7–12

一方活动一子后同时攻击对方两个目标，一面将军，一面捉子，这叫"抽将"。对方为了应将，不得不放弃被捉的棋子或兵，蒙受子力损失。因此，抽将战术是击双战术中相当厉害的一种，它以直接消灭对方有生力量、夺取子力优势为战术目的。

图7–12是马的抽将，着法并不复杂。轮到白先，走车 xd7！，弃车杀马，是先弃后取，暗伏下一手抽将得后的妙手。黑应后×d7，白马f6⁺，白胜。

图7–13也是马的抽将，但着法比上例复杂。

①b5！！

这一突如其来的弃后看起来似乎是漏着。其实白方胸有成竹，算准以后的变化，可先弃后取。

图 7 – 13

① … 后 × b5

② c8（后）＋ 王 f7

白方弃后以后，变出一只新"后"。

③ 后 × e6 ＋！王 × e6

如黑应王 f8，则④马 f4 后 b2 ＋ ⑤王 h3 后 c2 ⑥后 d7 王 g8

⑦马 d5 王 h8 ⑧马 e7 王 h7 ⑨马 f5 王 g6 ⑩g4 王 g5

⑪王 g3，下着⑫后 × g7 ＋。

如黑⑪… g6 防御，则白⑫h4 仍是杀棋。

④马 c7 ＋ 抽将，下着白马吃黑后，白净多一马胜定。

除以上马的抽将以外，后、车、象、兵等棋子都可进行抽

图 7 – 14 是后的抽将实例。

① × g7 ＋！王 × g7

② d4 ＋

白方弃车杀象后，造成抽将的条件。下着白后吃车，多一马必胜。

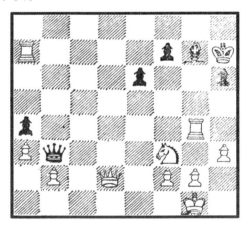

图 7 – 14

闪将战术

闪开一子或活动一兵后露出后面的棋子给对王照将的着法称"闪将"。这种战术在实战对局中经常见到，适于后、车、象等远射程子力（或叫长兵器）与其他子力配合运用。它是击双或双重攻击的一种形式，也是抽将的一种特殊形式。所不同的是，闪将是由前后两子同时对

对方展开攻击，一面照将，一面攻击。

图 7 - 15

图 7 - 15 是车兵残局中运用闪将的一个实例。白先车 c8！腾出空格，准备挺兵 h7—h8，强行变"后"，同时暗伏闪将抽子的着法。如黑方应以车 × a7，白王 b6 +，闪将抽车，白方得子胜。

图 7 - 16 中的闪将不是一下子能够发现的，需要花些时间才能算清楚。

乍一看，黑方形势危急。眼下已少一子，而且白方还威胁着两步杀：①象 × d7 + 车 × d7 ②车 b8。但是幸好由黑方走棋，黑方采用奇妙的闪将战术竟反败为胜。

① 后 d3 + 1！

黑方弃后，目的是下一步造成闪将。如白王退一格，黑后 × b1 吃车，接着还威胁着吃白 c1 位的象。如自接受对方弃后，白王 × d3，下步黑象 × c6 + 闪将，再下一步象 × a4 吃后，黑多一兵残局占优。

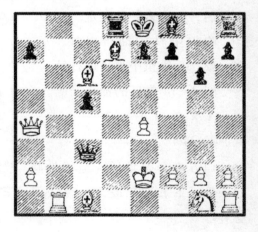

图 7 - 16

双将战术

双将是闪将的一种特殊形式。这时闪开的子和它后面隐蔽着的棋子一样，也向对方的王进行攻击，即进行"将军"。这是两个子互相密切配合同时向对方的王发动的一种双重攻击。一般照将时王可采取垫子、吃掉对方照将的子或躲避三种方法防御。双将时被照将的王就没有这么多的防御手段可以采取了，它只有躲开照将这一着。因此，双将是极厉害的战术手段，往往造成杀局。这类杀局称为"双将杀"。

图 7 – 17 局面，白车被黑象牵制，似乎一时无计可施。其实，白方含有双将杀的战术攻击机会，请看精妙着法：①车×f 6 1 象×dl

图 7 – 17

白方采取金蝉脱壳计，弃后入局。

②车 g6 ＋ ＋ 王 h7

白方闪车双将。黑方唯有躲王一招。

③车 g7 ＋ 王 h8 ④车 h7 ＋ ＋ 王 g8

白方又是一个闪车双将，迫使黑方躲王后陷入杀局。

@ 车 h8 杀 i

常用杀法

在国际象棋的攻王战斗中，应当根据对方局面在防御方面的弱点，有针对性地运用相应的战术或战术组合，这就构成了我们常说的杀法。实战对局中常见的杀法有底线杀、次底线杀、闷杀、弃子杀等。下面依次举例加以介绍。

底线杀

当对方的王处在底线，它前面的三个兵都在原位未动时，或者当对方的王占据盘角，它的前排有两兵并列未动时，有机会采用底线杀。这时，后、车这类强子是攻杀的主力。有时对方底线上有子力防守，为了实现这种底线杀；常常采用弃子引离和消除防御等战术。

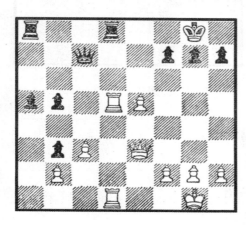

图 7 – 18

如图 7 – 18，双方子力相等，都剩下后双车六兵，但黑方底线存在弱点，白方先行，采用弃子引离术，可以造成巧妙的底线杀。

①a7！！弃后引离，一着定乾坤，黑方认负。因为黑方无论用后或用车吃掉白后，黑方底线的弱点都将暴露，例如①… 后×a7 或①… 车×a7，②车×d8，杀死。而①… 后 c8，则②后×a8 后×a8 ③车×d8 后×d8 ④车×d8#，白胜。又如黑用车吃车，走①… 车×d5，则②后×a8 + 车 d8 ③车×d8 + 后×d8 ④后×d8 杀，也是白胜。

次底线杀

白方的第 2 横线和黑方的第 7 横线又称次底线。这是仅次于底线的一条重要的攻防线。当一方的强子侵入对方次底线时，在其他子力的配合下，有机会造成次底线杀。

如图 7 – 19 局面，白方先行，采用弃子引离术，造成次底线杀：

图 7 – 19

①后 d5 + ! 车 × d5 ②车 × g7 + 王 h8 ③车 × h7 + 王 g8 ④g7 +
白胜。

闷杀

在对方王周围的道路被自己
的棋子或兵堵塞，或部分堵塞、
部分被控制时，可用马进行闷
杀。在对局中常常用弃子的手段
堵塞王路。下面请看实例。

如图 7 - 20，双方子力相等，
轮白方行棋，白可用弃子腾挪、
双将、弃子堵塞等战术构成的战
术组合造成闷杀。

图 7 - 20

①车 × e8 + ! 车 × e8 ②马 f7 + 王 g8 ③马 h6 + + 王 h8 ④后 g8 + !!
车 × g8 ⑤马 f7 闷杀，白胜。

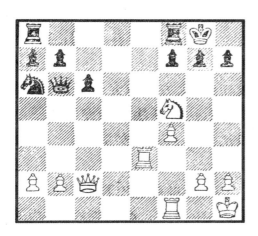

图 7 - 21

弃子突破杀

当对方王的前面有兵阵掩护，
而侧面又有牢固的防卫，不易做
底线杀时，可弃子突破王前兵阵，
从正面做杀。

如图 7 - 21，白先，弃后突破
杀。

① 马 e 7 + 王 h8 ②后 × h7
+ ! 王 × h7 白方弃后吸引，暴露
黑王。③车 h3 杀（白胜）

弃子引王杀

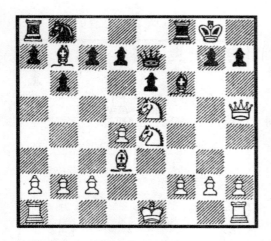

图 7 - 22

在攻王战斗中，攻方采取弃子手段吸引对方的王。使它陷入绝地，然后击毙，这种杀法称为弃子引王杀。这也是实战对局中常用的杀法。下面请看实例。

如图 7 - 22 是已故世界冠军拉斯克对托马斯一局（1921年，伦敦）中出现的有趣局面。白方先行，采取弃后突破术，引黑王至绝地击毙。

后 ×h7 + !! 王 ×h7 ②马 ×f6 + + 王 h6 如②… 王 h8，③马 g6 杀。③马 eg4 + 王 g5 ④h4 + 王 f4 ⑤g3 + 王 f3 ⑥象 e2 + 王 g2 ⑦车 h2 + 王 g1 ⑧0—0—0（白胜）

PART 8 裁判标准

裁判员必备技能和条件

1. 必须做到绝对客观和公正；

2. 必须精通国际棋联国际象棋规则；

3. 必须具有与其裁判等级相应的运动技术等级：

4. 必须掌握国际棋联等级分条例和等级分的计算方法；

5. 必须掌握国际棋联瑞士制编排规则和编排方法；

6. 必须掌握国际棋联认证的编排软件的使用方法；

7. 必须掌握计时钟的调试和使用；

8. 必须掌握比赛的组织方法；

9. 必须掌握基本的电脑应用技术如 word、Excel 等文字处理和制表技术；

10. 国际级裁判还应至少掌握一门国际棋联官方语言。按国际棋联裁判称号条例，申请 FA （棋联裁判）必须熟练地掌握一门国际棋联官方语言。申请 IA （国际裁判）除了必须熟练地掌握一门国际棋联官方语言外，还应掌握其他几种官方语言的国际象棋术语。

裁判员的作用

1. 裁判员受命保证国际象棋规则得到严格遵守。

2. 裁判员为比赛正常进行恪尽其职。应确保赛场自始至终维持良好的比赛环境，使参赛者不受干扰；应监管整个比赛进程。

3. 裁判员负责监局，尤其是棋手用时紧迫时，可强制执行他所作出的决定以及给予棋手适当处分。

4. 裁判员可给予棋手以下一种或多种处分：

（1）警告。

（2）给其对手增加所余时间。

（3）减少犯规棋手的所余时间。

（4）宣布对局结果为输棋。

（5）扣除犯规团体的得分。

（6）最大限度地增加对手在一局棋中可能的得分。

（7）把棋手从比赛中除名。

5. 在比赛中如有某个对局受到干扰时，裁判可给予一方或双方棋手另加比赛时间。

6. 除规则有相关规定外，裁判员不得干预对局。裁判员不得指出对局已弈了多少着。除非出现这样的情况，即当至少一方棋手已经用完了时限内的时间，裁判员不得通知棋手，对方已经行棋或棋手没有按钟。

7. 观众和并非当局的棋手不能谈论对局或以其它方式干预对局。如有必要，裁判员可把违规者逐出赛场。严禁任何人在赛场内或裁判员指定的区域内使用手机。

裁判员的职责

比赛之前，应根据实际需要任命一定数量的有资历的裁判人员，指定其中一人担任裁判长，其他人分任副裁判长和裁判员。

当比赛中棋手之间产生纠纷时，裁判长有责任解决争执并作出裁决。裁判长不在时，由副裁判长或代理裁判履行以上职责。裁判人数主要应根据比赛的种类、比赛的性质、比赛的制度以及参加比赛的人数来定。在 20 人的循环赛中，通常指定一个裁判长和一个代理裁判。在团体赛中，除了应指定一人为裁判长外，最好还能有足够数量的副裁判长和裁判员，使每个赛区（指一个队与另一个队的对抗）的比赛都能配备一名裁判员。但是，如果比赛台数不多，由一个裁判员管理 2～3 个赛区的比赛也是可以的。

裁判在比赛中的职责已写进国际棋联国际象棋规则（第 13 条）中。但是，要真正组织管理好一次比赛，不仅取决于裁判在比赛中所发挥的作用，而且还取决于裁判在比赛前所做的工作。裁判在赛前必须参与比赛的准备工作（通常裁判长也是比赛组织委员会的成员），制订比赛细则，参与建立比赛技术条件等等。

为了便于说明问题，在这里，我们把裁判的职责范围分为三个部分，即赛前职责、赛时职责和赛后职责。

裁判员在赛前的职责

1. 制订比赛规程

裁判的首要职责之一是，根据比赛组织者的指示和比赛条件制订比赛规程。

比赛规程必须在赛前宣读，也可以事先提交所有棋手。裁判和比赛组织者必须在比赛规程上签名，全体棋手也应在上面签名表示承认。如果一位棋手没有在规程上签名而参加了比赛，即被认为已认可了规程。比赛开始后，比赛规程不得变更。

2. 确保和检查必要的比赛条件是否具备

裁判另一重要职责是检查比赛必要的技术条件是否完备。

裁判在赛前必须检查所有的比赛技术条件，通过比赛组织者确保所有必需的比赛器具完好。此外，还应聘用足够人数的代理裁判和赛场其他辅助人员（如显示盘操作员、赛场管理员、监局等）。

具体的工作是：

（1）首先，裁判必须安排好赛室，检查室内的采光条件、取暖条件和通风条件等等。除此以外，还必须安排供放置比赛器具文件的房间、棋手休息室、拆棋室、记者室、小吃部等。如果赛室有赛台，其面积足够宽敞，并有良好的采光和取暖条件，通常即可用作赛场。赛室如果没有赛台，或虽有赛台但不符合比赛要求，可将赛室一部分空间作为赛场（例如可在赛台前划出一块地方），但赛场必须和观摩区隔开。赛场只有棋手、裁判员和显示盘操作员能入内，其他人要进赛场必须经裁判同意。

（2）裁判还要和比赛组织者一起检查必要的比赛器具是否完备。比赛器具有棋桌、椅子、棋子、棋盘、棋钟、显示盘（如果棋局进行是在赛室内演示的）等。裁判必须检查所有这些器具是否可用，是否符合通常的比赛标准，检查是否有备用棋盘、棋子和棋钟；此外，还须检查其它的各种附属设施的完备情况，如比赛记录纸、封棋信封等。

（3）每轮比赛开始前，裁判员必须检查棋盘、棋子是否正确放好，棋手的配对是否有差错，棋钟是否拨对，赛员是否都有记录纸，必要的比赛标志是否张贴好，显示盘上的棋子是否放好等等。

在所有对局中，棋盘上的白棋必须冲着同一方向摆放，通常都在与观摩区隔开的赛台的左侧。

校钟时建议将所有棋钟拨到第一时限用完时时针达到 6 点钟整。棋钟应面对裁判桌或裁判所在的通道，使裁判无论何时都能监看棋钟，尤其是在临近时限的时候。

（4）如果棋盘进行情况是通过显示盘演示的，裁判必须检查显示盘是否正确放置，是否从赛场的任一位置上都能清楚地看到显示盘。因为赛场的正常比赛秩序，常常与棋局在显示盘上的正确演示分不开。

3. 比赛开始和抽签

裁判接下来的赛前工作是宣读比赛规程和抽签。

比赛开幕由组织委员会代表宣布，并由东道主致辞。接着，裁判长将宣读比赛规程（如果裁判长没有将此提交全体棋手），并请棋手抽号，把确定了的序号登记在比赛表中。序号可写在折叠的纸片上，放入信封。棋手抽签的次序可根据字母排列、等级分高低，也可根据比赛规程中编排的名单先后。抽签的具体方式不必拘泥一格，可由比赛组织者发挥想象力，搞得生动活泼些。例如，可在一束花里放上写有序号的纸片，但有一事切不可忽视，即纸片一定要放在醒目之处。在大型比赛中，宣读比赛规程和抽签是在第一轮比赛开始前进行的。

一名棋手若在抽签之后及第一轮比赛开始之前退出比赛，则原来抽签无效，需要重新抽签。但是以下两种情况，则不必重新进行抽签。

（1）棋手人数为偶数，而退出比赛的棋手为最大序号，则不必重新抽签（该棋手退出比赛对其他棋手的配对和先后手均无影响）。

（2）有人替代退出比赛的棋手参加比赛。

抽签之后，第一轮比赛开始之前，若要增加两名棋手，可把他们编在中间比赛台次的两个相邻位置上，原来抽到较大序号的棋手则向后移两位。这样做，也不会影响其他已经抽过签的棋手的配对和棋色。

若棋手人数为奇数，欲增加一名棋手，也不必重新抽签，只要将该增加的棋手编排在最后一号即可。

裁判员在赛时的职责

在比赛中，裁判必须对每轮比赛结果作好清楚的记录，监督棋钟运行和比赛进程，维持赛场秩序，使棋手在比赛期间无不舒适感，还要确定封棋续弈的日期，检查比赛技术人员的工作情况，解决比赛中出现的争执，采取防护性措施制止冲突，以及处罚犯规的棋手等等。此外，裁判还必须启动棋钟宣布比赛开始和到时宣布比赛结束。

如果比赛规程没有对封棋续弈的先后次序作出规定，各封棋对局的续弈次序则由比赛裁判决定。裁判不必按照这些对局封棋日期的先后来安排续弈，而可按照他们的最佳考虑来安排续弈。可供指导的原则是应该找出最经济的方法充分利用续弈赛时，例如封局棋手为 A、B、C、D，其中 A 对 D、A 对 B、C 对 D，裁判可以先安排 A—B 和 C—D 续弈，因为这两局封棋的续弈可同时进行，故不必考虑 A—D 的封局日期是否在先。凡封局的棋手，无论封局日期在先在后，都必须在封棋续弈比赛之前的指定时间内到达赛场。即使对方正在和其他棋手续弈一局封棋，该棋手也应在赛场内等候，因为一旦他的对手续弈完了那局封棋，裁判就有权宣布已轮到他续弈。但根据规定，凡棋手续弈完一局封棋后，若要再续弈另一局封棋，可以休息 15～30 分钟。

封棋续弈通常可持续到整个封棋续弈比赛结束，具体时间按照比赛规定，可分为 2 小时、4 小时、6 小时。在赛时未到时提前封棋，以便同一棋手可以续弈另一局封棋，这种做法一般不通行，但有些国家如前苏联则有这种规定。如果一名棋手有几局封棋，那么，续弈完第 1 局封棋后，休息一会儿（但须经裁判同意），应再续弈第 2 局封棋，第 2 局结束后应再续弈第 3 局封棋。只要离比赛结束时间不少于 2 小时，就应继续弈下去。但如果比赛时间为 16—22 点，一名棋手在 20 点 15 分下完了第 1 局封棋，在这种情况下，裁判就不能要求他续弈第 2 局封棋，因为这时离比赛结束只有 1 小时 45 分钟了。

在比赛中，裁判必须时刻注意棋手的表现，并在发现犯规行为时及时采取措施。裁判必须注意棋手之间的关系，要求棋手作风正派，具有体育运动道德精神。此外，一个称职的裁判员还必须采取必要的预防措施去制止一切争执和冲突，使比赛能正常进行。对任何犯规行为，裁判必须实事求是的作出评判，并根据国际棋联国际象棋规则和其它相应的比赛规程作出恰如其分的公正裁决。

为了便于裁判开展这方面的工作，这里列举一些在比赛中可能出现的问题，并提供一些较好的处理方法（但这些方法并不都具有强制性质）。这些问题可分为三类：一是违反国际棋联国际象棋规则的行为；二是虽然并不违反国际棋联国际象棋规则，但属于不符合体育道德的行为；三是虽然与纯国际象棋因素无关，但属于比赛策略手段的行为。

裁判员在赛后的职责

在比赛结束后，裁判应宣布比赛结果，并将所有比赛文件递交比赛组织者。

这些比赛文件有：①比赛条例；②比赛成绩表；③比赛各轮累进成绩表；④比赛日程表；⑤各轮比赛成绩表；⑥封棋续弈成绩表；⑦各局比赛对局记录；⑧其他比赛文件（包括棋手申诉书、裁判通知书和裁决书、申诉委员会裁决书等文件）；⑨裁判总结报告书。

裁决总结报告书应包括：比赛通则、比赛组织机构的批评意见对比赛的作用、比赛宣传效果、比赛情况（其中应提一提优胜者和青少年等棋手的比赛情况）、比赛中有创造性的成功实例、新的棋艺理论、比赛纪律执行情况、达到某一等级标准的棋手人数。

裁判必须对国际象棋规则和比赛规程十分精通，必须认真地根据实际情况履行职责，始终维持好赛场秩序，并对比赛中可能出现的争执，以平静可靠的方式解决之。因此，裁判必须尽力防止棋手迟到，除非有正当理由，不能延期进行某局的比赛。裁判应监督各局比赛，使它们正常进行，并时刻注意棋手在比赛中的表现，纠正某些棋手对对方所采取的错误态度等等。

实践表明，大多数争执都是在比赛后半阶段发生的，对此很容易理解，因为，比赛阶段越往后，棋手在体力和脑力上的消耗也就越大，越容易激怒，以致与对方发生争执。因此，裁判员务必始终靠近处于时限压力下的棋手。

PART 9　风格流派

　　国际象棋尚刚，要求积极拼杀作战，棋子运动能力越强越有优势。可由于道家思想的融汇，中国象棋战法中发扬了阴柔的一面，像善守的反宫马屏风马即是。西方文艺复兴运动及现代意识的渗透，国际象棋向着多元化发展，如浪漫主义学派、局面开派、前苏联（俄罗斯）学派、现代主义学派等，还有一个与之有别浸透着东方哲学神韵的中国学派。

　　浪漫主义学派。国际象棋发展史上重要学派之一。盛行于19世纪上半叶和中叶。因在对局时幻想多于逻辑思维，对精彩着法的追求超过考虑各种因素的冷静计算，故名。该学派的杰出代表为棋史上第一位非正式世界冠军、德国大师安德森。

　　局面学派。国际象棋发展史上重要学派之一。兴起于19世纪下半叶。奠基者为棋史上第一位世界冠军、捷克出生的奥地利棋杰斯坦尼茨。他认为棋盘上每一种局势都有其典型特征，是棋手借以寻求正确着法的指针。但后期代表人物（如德国棋杰塔拉什）往往强调从原则出发而着法趋向平稳，使对局平淡无味。

　　前苏联（俄罗斯）学派。国际象棋发展史上重要学派之一。该学派吸取浪漫主义学派及局面学派的积极成果，并加以发展，形成自己的棋艺观点及风格。其代表人物为棋史上第六位世界冠军、前苏联棋杰鲍特维尼克。

现代主义学派。国际象棋发展史上重要学派之一。出现于20世纪初。代表人物为尼姆佐维奇、格林菲尔德。该学派认为子力（不包括兵）对中心的压力有极重要的作用。其崛起时期正当局面学派趋向僵化时期（后期），因此对棋艺发展有较大的积极作用。

中国学派。国际象棋国家队原总教练刘文哲从哲学角度分析总结了中国棋手的风格和思维特点。他认为中国棋手的崛起，得益于东方人的思维方式，并将这一思维方式概括为象棋思维、战略思维、中国思维3大支柱。他预言，国际棋坛上的中国现象将会迅猛发展，不可阻挡。此后的事实证明，中国国际象棋继谢军之后，许昱华和诸宸接连戴上世界棋后的皇冠，中国国象女队6夺国象女子世界团体冠军。当年排在20位之后的中国国象男队也打入了六强。应该如何看待这种局面呢？谢军认为："现在的国际象棋不仅是存在一个中国学派，而且是融入了中国元素。"谢军解释说，国际象棋是一个在欧美国家广为流行并且深受欢迎的项目，所以它自然而然地会打上西方文化的烙印。如西方人喜欢思辨，爱进行理论思维，表现在国际象棋上，就是更加注重布局的整体构思和残局的微观设计，所谓"意在棋先"。而在中国，由于最早一批中国国际象棋棋手大都是由中国象棋改行下国象的，因而他们下的国际象棋也就不可避免地带上了中国象棋的烙印，那就是更注重和善于计算和战斗，中盘的战斗力更强。随着中国棋手在国际大赛中的成绩不断攀升，他们的风格和成功经验也日益引起外国棋手的关注，现在外国棋手们也愈来愈重视中盘战斗和计算力。从这个角度说，中国元素已经融入到国际象棋这个纯西方的棋类项目中，并推动这个项目向前发展。这是中国对国际象棋的贡献，也是中国国际象棋棋手的骄傲。

PART 10 赛事组织

比赛的类型

　　从国际象棋比赛的结构、性质、目的、方法、计分方法和参赛人员等方面看，比赛的类型五花八门。尽管如此，仍可从各个角度把它们分出类型。例如，根据计分方法的不同，可分为团体赛与个人赛。根据比赛的性质不同，可分为正式比赛与友谊比赛、公开赛和邀请赛、国内比赛与国际比赛等等。根据比赛的目的不同，可分为称号赛、等级赛、选拔赛和大奖赛等。根据参赛人员及性别的不同，可分为成年赛、老年赛与青少年赛和男子赛、女子赛与男女混合比赛。根据比赛方法的不同，可分为淘汰赛、循环赛和瑞士制赛。而如果按照比赛的内容结构，则可以把所有的比赛分为如下五个大类，即对抗赛、联赛、表演赛、排局赛和其它比赛。

　　一、个人对抗赛和团体对抗赛

　　对抗赛是在两个棋手或两队棋手之间的比赛。前者为个人对抗赛，后者为团体对抗赛。

　　毫无疑问，对抗赛比之循环赛，更能直接地衡量比赛双方的实力，因为后者双方的最后名次还要受到与其他棋手比赛成绩的影响，而前者双方的强弱直接由彼此实力决定。因此，个人对抗赛制一直为世界冠军赛和世界冠军候选人赛所采用。

在对抗赛的第 1 局比赛中，先后手由抽签决定。以后双方轮流换先。在对抗赛的历史上，尤其是在世界冠军赛中，曾采用过各种比赛制度。但从根本上来说，确定胜方和赛程的方法只有两种，即规定比赛局数和只规定胜局数而不限制比赛局数。此外，还有同时采用这两种方法的组合赛制和其它各种变体赛制。例如既规定胜局数又规定赛局数和规定胜局数并规定最少赛局数的方法。

团体对抗赛的台次数有不同的规定。例如，在国际象棋奥林匹克赛中，每个男队由 4 名主力队员和 2 名替补组成，女队由 3 名主力队员和 1 名替补组成。世界团体冠军赛的比赛台次原为 8 台（6 名主力、2 名替补），后改为 6 台（4 名主力、2 名替补）。还有多台次的对抗赛，有些团体对抗赛甚至可超过 100 台。比赛可为单轮，也可为双轮。

现在大部分团体赛都规定必须根据棋手的实力即根据等级分高低来定台次。一个队的基本阵容在比赛开始前公布后，在比赛结束前不得改变。替补队员上场时只能顶替最后一台或最后两台，或每次出场队员按台次顺序上移。

团体赛也可以循环制方式进行，如采用全循环制（各队在比赛中都要相遇）、杯赛制（一个队员输一场或失去一定的规定分即被淘汰）、瑞士制（根据局分或场分累积总分成绩）、混合制（如预赛采用瑞士制或其他比赛制度，决赛采用全循环制）。

比赛开始前，先抽签确定序号。在循环制中，抽签还同时决定双方在所有各台比赛和各场比赛中的先后手，抽到序号在先的队在奇数台次为先手，偶数台次为后手。在采用舍文宁根制的比赛中，各队每个棋手的序号都由抽签确定。

在两个俱乐部队、两个城市队或两个国家队之间进行的比赛中，用来衡量双方棋力高下的标准有一条不成文的规定：要求双方按照规定的比赛台次，一方第 1 台棋手与另一方第 1 台棋手对抗；一方的第 2 台与另一方第 2 台棋手对抗；以此类推。比赛结束后，得分高的队胜。按照这种方式进行的比赛，只要双方确实是按照自己队员的棋力来排台次的，其比分就能真实地反映出双方的水平。

两队对抗赛若采用全循环制（即一队的每个队员与另一个队的每个队员全部比赛），比较理想的赛制是舍文宁根制。该制因 1923 年在荷兰舍文宁根举行的国际比赛而得名。在那次比赛中，有 10 名荷兰棋手与 10 名客队棋手对抗。

在决定规定轮次中的棋手配对时，该制有两种形式，即古典式与现代式。当全循环制两队对抗赛时，按对比赛的重要程度依次排列如下各个条件，从理论上来说，能满足这些条件即为该制理想的形式。

条件 1：在整个比赛中，两队先后手的次数一样；

条件 2：每个棋手先后手的次数一样；

条件 3：各轮中两队先后手的次数一样；

条件 4：更换轮次时，各个棋手变更先后手。

根据该制度进行的比赛，赛台数应为偶数。因为若是奇数，就不能满足以上任何一个条件。但是，即使在偶数的情况下，不论是古典式还是现代式都无法满足条件 3。现代式比古典式理想些，除了能满足其中最重要的三个条件（即条件 1、2、3）外，还能在很大程度上满足条件 4。凡采用舍文宁根制的比赛，其轮次数和赛台数相同。

二、联赛

联赛是国际象棋比赛中最常见的比赛形式。严格地讲，两个以上棋手或棋队参加的任何比赛都可称做联赛。它既可以同时用来衡量各棋手的棋力，也可以用来衡量各队的棋力。

作为一种赛制，联赛同对抗赛相比，有它的缺点，即从理论上说，联赛中两个棋手的名次先后并不是单单由他们之间的成绩来决定。因此，它只能间接地反映棋手的棋力。因为，当这两个棋手和其他棋手相遇时，其他棋手的棋力并不一定都和这两个棋手的棋力相等。尽管如此，联赛的优点还是大于缺点。因为联赛在同一赛程中使许多棋手都有机会相遇。所以，今天在进行棋手选拔、确定棋手称号、计算等级分时，联赛还是最理想的比赛方法。当然，在世界冠军赛决赛阶段，则非对抗赛莫属。各种联赛制的确定棋手配对、先后手等情况都不尽相同，但基本上可将它们划分为 5 个主要赛制——淘汰制、循环制、瑞士制、舍文宁根制和组合制，其中最常见的是循环制和瑞士制。

三、表演赛

这类比赛包括一人对多人的多面赛（或称车轮赛）和蒙目赛。一人多面赛是一个强手同时与几个棋手对抗的比赛。组织一人多面赛时，放置棋盘的桌子按马蹄形或矩形依次排列。棋手坐在桌外，背向观众，强手在桌子围起来的空地中绕圈而行，因此就可以从最后一位棋手直接走到第一位棋手面前，并如此依次从每一个棋手前走过去。

一人多面赛的规则如下：

（1）强手在所有各局的比赛中都执白棋。但在强手同意的情况下，也可不考虑这条规则。

（2）棋手只有当强手走到他棋盘前时方可走棋。即使他已经想好了一步棋，也必须等到强手走到他棋盘跟前，并且必须当着强手的面走出这步棋。

（3）如果强手走到棋手棋盘前，棋手不走棋，强手可根据自己的意愿对该局棋作出有利于自己的处理。

（4）在少数情况下，当强手走到棋手棋盘前，棋手除立即走出应走的一步棋外，还可接走下一步或更多步数的棋，只要当强手在场时他能立即应强手下的所有棋。

（5）在例外情况下，棋手可以把应走的棋延迟到下一圈再走，但必须征得强手同意。

（6）强手在其他棋盘前时，棋手不得移动他棋盘上的棋子。如果强手发现该棋盘上的棋局已经变动，也就是说棋手自行改变了棋子的原来位置，他有权召请裁判。裁判将作出有利于强手的裁决并记录在案。

（7）在一人多面赛中，参赛棋手不能变更他已下的棋。但强手在某台走出的一步棋，只有当他从该台走开并在下一台的棋盘上走出一步棋后，才能确认为已经走棋。

（8）参加比赛的所有棋手都要做好比赛记录。

双人多面赛的组织方法与一人多面赛大致相同，不同的是参加活动的强手有两位，由两人轮流走棋。强手们不能一人紧跟在另一人之后，而必须相互保持相同的距离。这样，棋手们在第二位强手到自己面前时就有充分时间来考虑立即应走的棋。这种比赛非常有趣，因为强手不仅要识破他们对手的计划和战术组合，还必须理解己方另一成员的计划和战术组合。因此，在这种比赛中，实力棋风相近的强手们能配合得很好。

计时多面赛与一人多面赛不同。这种比赛的参加人数比前者少得多，通常为6—12名。棋手一般都经过挑选，水平较高。棋手水平通常比中心棋手低两级，比赛时用棋钟。这种比赛无论是对一个队的训练还是对中心棋手的训练都有重要意义。与一人多面赛不同，强手并不依次从一个棋手前走到另一个棋手前，而必须等棋手完成一步棋后才走到他跟前。强手可能会遇到同时有几个对手走出一步棋的情况。因此，他的棋钟就会同时在几个棋桌竞走。这种比赛的计时方法与联赛相同，即开始的两个半小时或两个小时内必须走满40步棋。由于参赛者不多，棋桌成直线依次排列。所有的棋钟必须面向强手，使他一眼就能看到每个钟上的时间。与一人多面赛不同，计时多面赛中强手一半棋局执白棋，另一半执黑棋。

蒙目赛古时候就有，对观众有很大的吸引力。强手背向对手，口授所要下的棋步，对每个棋盘上的局面时刻都能做到心中有数。下蒙目棋既难又辛苦，尤其是在同时下几盘棋的情况下。许多棋手都想创造下蒙目棋盘数的记录，健康状况因此会逐渐受到损害。所以有些国家（如前苏联）不举行这类表演赛。

四、解题赛和排局赛

解题赛可在一个棋室内举行，也可用特殊的比赛形式举行，还可以通过报纸或杂志事先宣布。在一个棋室内举行的比赛时间不长，通常为2小时。比赛方法有两种，组织者可根据自己的组织能力，选择其中之一。在赛场能保持必要的秩序和纪律的情况下，这两种方法都能保证评分客观有效。

在使用第一种方法时，给每个棋手一张表，表上列有题目和解答项目（一般为6个），要求棋手在规定时间内解题。根据所出题目的难易程度，规定必须取得一定的分数才算胜。通常，一个2步棋题为2分，一个3步棋题为3分，一个4步棋题为4分。对更多的棋题或解答项目则依照它们的困难程度给分。凡有充分论据证明确实不能完全解题而只能部分解题的答案，可与完全答题得相同的分。棋手应在各自的桌子上独立答题，并把解题方法写出来。在解2步棋题时，只要把第一步写出来就行了。但在解其它棋题和解答项目时，必须把主要变着也写出来。比赛名次根据各人得分确定。若有两人或两人以上同分，名次则按各人解题时所用的时间多少来区分，用时少者列前。

在比赛速度加快或组织者印刷表格缺少经费时，棋题可一个一个地分别摆在显示盘上，由棋手在各自的桌子上解题。

第二种方法通常是：2步棋题必须在10分钟内完成。当半数棋手已向裁判宣布他们完成答案时，该题立刻停止解答。答案呈交以后，棋手必须离开赛场。凡第一个解答出该题的棋手可得到等于参赛棋手一半人数的分数。例如，参加比赛者共有20人，第一个解答出棋题的人可得10分，第10位解出者得1分。然后，棋手重新回到赛场里，按照同样的原则继续进行比赛。当最后一道题目解答后，把各人得分加起来，定出名次。这种方法对棋题较多的比赛特别适用。

对报纸杂志组织的这种比赛，可在规定的时间内把习题答案寄给负责比赛事宜的专栏编辑或杂志编辑，然后按照各人得分区分名次。其中最出色的将被授予奖品或荣誉奖品。

五、其他比赛

正式比赛、快棋赛和即兴赛之间的异同是可以辨别的。此外，还有通讯赛（指通过通信、无线电、电报、海底电报以及电话而进行的比赛）、磋商赛、网络赛等。

正式比赛根据棋钟上事先设置的每步棋用时进行，所下的棋必须做好记录。每个棋手在规定的时间内必须走满一定步数的棋，例如在比赛开始后的两小时内必须走满 40 步棋，以后每小时必须走满 20 步棋。

友谊赛或娱乐赛，是家庭、俱乐部和咖啡馆中进行的非正式比赛或娱乐性比赛。这类比赛的下棋速度通常比正式比赛要快。一般不用棋钟，比赛用时由比赛者自己决定。

快棋比赛有正式比赛和非正式比赛之分。正式的快棋比赛有快棋和超快棋两种，其计时制度在国际棋联的快棋赛规则中已有明确规定。

一般，娱乐性的快棋赛速度很快。下棋速度一般有以下两种：

（1）规定每个棋手使用一定时间，例如用 5 分钟下完一局棋。

（2）规定每步棋的时间，例如用 10 秒钟下一步棋。

快棋赛，由于棋局形势起伏多变，常出人意料之外，在棋界日益风行。快棋对实战棋手意义重大，因为它能帮助他们提高下棋速度和反应能力，这种素质在棋手参加正式比赛时极为重要，尤其是当其受到时限压力的时候。

用邮递方式进行的通讯赛在过去曾一度流行，可持续几个月到一年，甚至更长的时间。一个棋手常常与几个棋手同时进行比赛，比赛按照多种特殊规则进行。由于棋手下每步棋都有充分的时间（如48小时下一步棋），因此，通讯赛对促进国际象棋的发展，尤其是开局理论的发展，有重要的意义。此外，通讯赛使成千上万来自非国际象棋流行地区或远乡僻壤的棋手不用离开工作岗位就能参加比赛。

国际象棋比赛还可以通过无线电、电报或电话的方式来进行。

磋商赛是两组对手在同一棋盘上的对抗，比赛时双方棋手分别在各自的房内下棋。每组棋手通过裁判把自己所下的棋通知对方。比赛通常用棋钟，所下的棋也要记录。磋商赛十分有用，因为对同一棋局，几个棋手可相互交换他们之间的看法，以此来提高每个人的棋力。强手可以单独一人与一组棋手进行磋商赛。与磋商赛相似的比赛是双打赛。在这种比赛中，两个棋手与另两个棋手对抗，4个人轮流走棋，但不能磋商。

随着互联网的发展，现在网络赛在世界上逐步流行，将取代通讯赛和电报赛等。采用网络赛，可以与千里以外的棋手进行比赛，这对于在全世界推广国际象棋和在全球范围内交流提高棋艺将有极为重要的意义。互联网必将为国际象棋的进一步发展提供十分有利的条件。

竞赛的制度

在国际象棋各种类型的竞赛中，常用的赛制有淘汰制、循环制、瑞士制以及这三种赛制结合在一起的混合赛制。下面对这三种赛制分别进行介绍。

一、淘汰赛制

淘汰赛将所有参赛的选手或队按淘汰赛的表格编排成一定的比赛顺

序，由相邻的两名棋手或队进行比赛，并可适当安排预选赛或附加赛。败者被淘汰，胜者进入下一轮比赛，直到淘汰成最后一名。这名棋手或队即为冠军，比赛至此也就结束。

当参赛的人数或队数较多，赛程时间较短时，可根据情况采用淘汰赛制。淘汰赛制有单淘汰赛和双败淘汰赛等，双败淘汰制即双淘汰制，它比单淘汰制可以有多一点机会避免被淘汰，输掉一局还不要紧，还可继续比赛。

二、循环赛制

循环赛中，参赛棋手互相之间均直接比赛一次。有大循环制和分组循环制。大循环制中又有单循环和双循环，单循环赛互相之间比赛一局，双循环赛互相之间比赛两局。

在人数或队数不多而时间又许可的情况下可采用单循环制。通常采用一局制，人数或队数较少时可采用两局制。

在人数或队数较多，不便采用大循环制的情况下，可以根据棋手的等级分或比赛成绩排定种子，分成几个组进行初赛，然后从各组选出一定的人（队）数进行决赛，这就是分组循环制。

三、瑞士制（积分编排制）

（一）瑞士制的历史

瑞士制又名积分编排制。它最早出现是在 1895 年的瑞士苏黎世，发明人是瑞士的一位博士叫 J. 缪勒尔，所以在国际上称为瑞士制。1973 年，瑞士制在国际象棋比赛中的采用达到了一个高潮。当时，在一次有 775 人参加的比赛中采用了瑞士制，进行了 12 轮。

瑞士制赛得到国际棋联的承认是在 40 年以前。1972 年通过了在国际棋联的比赛中采用瑞士制的建议。1973 年，国际棋联在世界青少年冠军赛的竞赛规程中确定了在初赛中用瑞士制，决赛中用循环制的比赛方法。1974 年，采取了一个重大的改革步骤，决定在 1976 年的国际象棋奥林匹克赛的男子组比赛中试用瑞士制。此后国际棋联关于在以后的国际象棋奥林匹克赛中采用瑞士制作出了一个决议。后来就发展到形成现在这样的比较完善的瑞士制条例。

我国从1960年开始引进瑞士制的赛法。我国棋界的一位前辈、棋艺活动家和评论家、当时国家体委武术棋类处副处长张雄飞在体育报上撰文介绍瑞士制，并在1960年的全国棋类锦标赛中首次试用。从此以后，几乎大部分的全国性棋类比赛都采用过瑞士制，同时在国际象棋以及象棋竞赛规则中作出了有关瑞士制编排原则的规定。

（二）瑞士制赛的特点和运用范围

大家知道，循环赛制包括大循环和分组循环，过去一直是国际象棋比赛的主要赛制。采用循环赛制的优点是参赛棋手的比赛成绩比较地能够反映棋手的实际水平。但另一方面，循环赛制赛程长，对参赛棋手数量有限制，它限制了很多高水平棋手的参赛机会。而瑞士制赛法与循环制赛法不同，因为采取同分相遇的编配原则，参赛棋手可以自始至终参加比赛，而且数量无须加以限制。它不像循环赛那样，需要确定种子，因此适宜于参赛人数多、赛程短而种子较难确定的比赛。

瑞士制赛允许我们通过比赛采用尽可能少的轮次产生一个冠军，同时这位冠军必须在比赛中征服足够强的许多对手，才能摘取桂冠。同时，根据瑞士制赛的形式和赛员/轮次的比例大小，可以在冠军的名次以下，比较准确地定出另外的优胜名次。

瑞士制赛实际上可以说是一种循环进行的淘汰赛、一种特殊形式的淘汰赛。它与淘汰赛的区别在于输了一局棋的棋手不是当时被淘汰出局，而是还能和其他输棋者配成对手继续参赛。所以，有人说瑞士制赛是淘汰赛和循环赛的最佳结合。这样的比赛赛制可以使赛员/轮次的比例达到最大，即在一定数量的轮次下允许最大数量棋手参赛。

（三）瑞士制赛的优缺点

瑞士制赛的参赛者分成两个阶段。第一阶段里，赛员一轮又一轮地向上筛选，分成越来越多的各个不同积分组别。这时最高积分的组包含的赛员人数越来越少。这是因为越来越多的赛员由于遇到强手而被淘汰下来。最后只有一名赛员可以留在最高积分组。但这名最高积分者可能还不是最强手，因为在他前几轮的比赛中可能没有遇到过最强的对手。但是只要有足够的轮次，使在第一阶段比赛里产生的最高积分者再有机会在第二阶段比赛中向下打，就能产生真正的最强手。第二阶段往下打的轮次越多，赛出的前列名次越准确，越能找出真正的强手。

但是，瑞士制也有它的缺点。与循环赛相比，因为每个赛员并不能都互相对弈，优胜名次以外的名次较难准确地反映他们的实力，比赛结果往往有很多棋手名次并列，积分相同，需要采取打破平分的规定区别名次。当然，它更不能像多局对抗赛那样在两名棋手中分出真正的高低。

（四）瑞士制赛编排注意事项

（1）要保证抽签卡上记载的项目准确无误，完全无漏。无论是赛员序号、先后手、对手序号、比赛结果、累计积分，都要认真准确地填写，并仔细核对。为此，裁判长必须安排一名工作仔细认真负责的裁判员专门负责这项工作。另外，还要亲自核对或安排另一名裁判员负责核对。

（2）注意在每轮编排以前先分出不同分的积分组（段），同时特别要标出中间积分组（段）。注意中间组以上的高分组，编排时由上而下；中间组以下的低分组，编排时由下而上；中间组由上而下。否则，编排结果就不标准。

（3）每轮编排以后，不要匆匆忙忙地公布，必须安排一名对瑞士制赛编排工作有经验的高水平的裁判员认真核查，务必保证符合瑞士制编排条例的基本原则。

（4）比赛结束后要保留抽签卡，以便进行复核，总结经验，提高编排水平。如果某轮比赛公布的配对有误，如是在比赛开始前发现，有时间重新编排，则必须重新编排，进行调整；如果比赛已经开始，则可在下一轮编排时加以调整，首先要改正错登的成绩，然后进行下轮的编排。当然这是不得已而为之。

重要组织

国际象棋世界联合会

国际象棋世界联合会（FIDE），也称世界西洋棋联合会，简称国际棋联。1924 年 7 月成立于法国巴黎，是国际象棋领域拥有最高权力的世界性组织，是国际智力运动联盟（IMSA）的成员。其主要任务是负责组织全球及洲际的重大国际象棋比赛等。截至 2007 年，拥有 186 个成员国（地区），分属欧、美、亚、非 4 个大洲协会。在世界各单项组织中，其规模仅次于国际足联。国际棋联章程规定，一个国家或地区只能有一个有代表性的组织来参加国际棋联。

其口号是："我们都是一家人。"宗旨是：团结所有国家的国际象棋协会，反对民族的、政治的、种族的、宗教的或性别的歧视，推动世界国际象棋运动的开展，提高国际象棋水平，以增进人民之间的和睦和友谊。

1924 年，国际奥委会将国际象棋列为奥运会正式项目，18 个国家的 50 多名选手参加了在巴黎举行的第八届奥运会。比赛结束后三天，由荷兰、法国等 15 个国家发起成立国际象棋世界联合会。1924 年 7 月，国际棋联在巴黎宣告成立，总部设在荷兰的阿姆斯特丹，后迁址至瑞士的卢塞恩，以后又搬到瑞士的洛桑。2003 年国际棋联第 74 届代表大会决定把总部迁移到希腊的雅典。国际棋联设执行委员会、代表大会和中央委员会。由秘书处处理日常事务。

国际棋联于 1999 年被国际奥委会正式承认为国际单项体育组织，成为奥林匹克运动大家庭中的成员之一，获得了国际社会的广泛认可。

国际棋联最重要的任务是负责举办或组织全球及洲际的国际象棋比赛，监督指导其它一些相关的比赛，而大多数的顶级赛事，几乎都会尊重国际棋联的规则和条例。

国际棋联负责制订国际象棋的规则，包括棋盘上的规则以及国际比赛进行时的规范。这些规则为地方比赛的基础规范，不过地方机构还是可以对规则稍作修改。国际棋联还负责授予组织的头衔，如国际仲裁者（International Arbiter），拥有此头衔表示这人有能力控管世界一流的比赛。

国际棋联负责计算选手的等级分（Elo ratings），并以此积分为基础，将头衔授予在竞争激烈的比赛中赢得胜利的选手。这些头衔包括有：国际棋联大师、国际大师、国际特级大师、以及女子的国际象棋头衔。国际棋联也将大师和特级大师的头衔授予解决棋谜、制作棋谜及完成相关研究的选手，并定期出版以最佳棋谜为主题的国际棋联特辑。

国际象棋世界联合会的目的和目标是为了在全世界各国家间传播和发展国际象棋运动，同时在其运动性、科学性、创作性及文化基础层次等方面，全面提升国际象棋文化和知识技巧。

国际棋联主办或委托成员国协会举办的重大世界性比赛有：国际象棋世界冠军赛（包括公开组、女子组及青年组）和区域赛，以及世界国际象棋奥林匹克团体锦标赛、国际象棋世界团体锦标赛。还有大学生世界团体赛、少年世界冠军赛，以及各大洲的国际象棋团体赛。至于各种杯赛、邀请赛、大师赛、特级大师赛、等级分赛等更是不可胜数。

中国国际象棋协会

中国国际象棋协会（Chinese chess assocation，CCA），成立于 1986

年。是推动国际象棋运动发展、促进技术水平提高的全国性体育社会团体，也是代表中国加入国际棋联的唯一合法组织。国家体育总局棋牌运动管理中心是中国国际象棋协会的业务主管单位。中国国际象棋协会日常工作机构为国家体育总局棋牌运动管理中心国际象棋部。

中国国际象棋协会致力于国际象棋运动在中国的普及和提高，尤其重视在青少年中开展。此项运动在开发智力、陶冶情操、丰富群众的文化生活方面起到了重要的作用。在国际上，加强同各国的交流，积极参与国际象棋的活动。在中国成功地举办过国际象棋世界杯锦标赛等一系列高级别的赛事，使中国成为国际象棋活动的重要舞台。在竞技体育方面培养了一大批优秀的棋手，他们在一系列的国际重大比赛中取得了骄人的成绩，为祖国争得了荣誉。

中国国际象棋协会主办或参与的重大全国性比赛有：全国团体锦标赛（上半年）、全国个人锦标赛（下半年）、职业联赛、"李成智"杯全国青少年儿童冠军赛、全国大学生比赛、全国中学生比赛、全国小学生传统学校比赛、全国"希望杯"少儿比赛、全国"广播杯"业余棋手大赛、女子名人战、国际特级大师邀请赛、女子特级大师巡回赛。

中国国际象棋协会参与的重大国际赛事有：奥林匹克世界团体赛（每两年一次）、男女世界个人锦标赛（每两年一次）、世界杯个人赛（每两年一次）、女子明星与元老对抗赛、世界青年冠军赛、世界分龄组少儿锦标赛、世界大学生赛、世界中学生赛、亚洲团体及个人锦标赛、中美对抗赛、中俄对抗赛。

PART 11　精神礼仪

　　对于棋手竞赛时的精神礼仪，国际棋联有一定的要求，敦请所有参赛选 手一律遵守，主要包括以下一些方面：

　　1. 棋手应维护国际象棋的良好声誉。

　　2. 对局时棋手不得借助于任何笔记、信息资料、别人的建议或在另一个棋盘上进行分析。

　　3. 严禁手机带入赛场，手机响的一方判负，另一方的得分由裁判员决定。

　　4. 记录纸只能用来记录着法、棋钟用时及提和等相关事宜。

　　5. 已经结束对局的棋手应视为观众。

　　6. 棋手不允许离开比赛区域，除非得到裁判员允许。"比赛区域"的范围指比赛场地、休息室、茶点部、吸烟区或裁判员指定的其它地区。轮到行棋的一方，没有得到裁判员批准，不得离开比赛区域。

　　7. 禁止以任何方式干扰对方或分散对方的注意力，包括不断地提议和棋。

　　8. 坚持拒绝遵守国际象棋规则者判负，对方的得分由裁判员决定。

　　9. 如果对局双方都触犯第 8 条款规定，对局结果将被宣布为双方棋手都输棋。

PART 12 等级称号

国际象棋的国际称号评定标准

国际棋联（世界国际象棋联合会）授予棋手的国际称号可分为三类，一类是面对面比赛中的称号、一类是排局方面的称号、另一类是通讯赛中的称号。其中面对面比赛中的称号有国际特级大师、国际大师、棋联大师、女子国际特级大师、女子国际大师五种。国际称号是终身称号，但如果利用称号破坏了道德原则的话，国际棋联大会可根据评委会的建议剥夺其称号。

国际特级大师

具备下列条件之一者可获国际特级大师称号：

（1）获得参加男子世界冠军候选人对抗赛的资格（即进入世界男子八强）。

（2）国际等级分在 2450 分以上的国际大师或棋联大师，在不少于24 局的国际等级赛中，两次达到国际特级大师的成绩标准。

国际大师

具备下列条件之一者可获国际大师称号：

（1）国际等级分在 2350 分以上的选手，在不少于 24 局的国际等级赛中，两次达到国际大师的成绩标准。

（2）在世界女子冠军赛或世界青年冠军赛，或国际棋联大区赛，或欧洲青年冠军赛，或美洲青年冠军赛中获得第一名。

（3）在男子世界冠军赛预赛的一个循环中，下满 13 局而达到一次国际大师在棋联循环赛中的成绩标准。

棋联大师

具备下列条件之一者可获得棋联大师称号：

（1）国际等级分在 2250 分以上的选手在不少于 24 局的国际比赛中，两次达到棋联大师的成绩标准。

（2）获 17 岁以下的世界少年冠军。

（3）在男子世界冠军赛预赛的一个循环中，下满 13 局而达到一次棋联大师的成绩标准。

女子国际特级大师

具备下列条件之一者可获得女子国际特级大师称号：

（1）获得参加女子世界冠军候选人对抗赛的资格（即进入世界女子八强）。

（2）国际等级分在 2250 分以上的女子国际大师在不少于 24 局的国际等级赛中，两次达到女子国际象棋特级大师成绩标准。

女子国际大师

具备下列条件之一者可获得女子国际大师称号：

（1）国际等级分在 2150 分以上的女棋手在不少于 24 局的国际等级赛中，两次达到女子国际大师的成绩标准。

（2）在女子世界冠军赛预赛的一个循环中，下满 13 局而达到一次女子国际大师的成绩标准。

注：国际等级分是表示棋手实力等级的一种数字。它是根据棋手在某一时期内的比赛成绩计算的，这种等级分制度是国际棋联等级委员会拟定的，1970 年开始在国际棋联范围内实行。

国际象棋国家级称号评定标准

男子特级大师

具备下列条件之一者可获得男子特级大师称号：

（1）三次获全国个人赛冠军。

（2）两次获全国个人赛冠军并获国际大师称号。

（3）获国际特级大师称号。

（4）两次达到等级称号赛规定之标准分。

大师

具备下列条件之一者可获得大师称号：

（1）全国个人赛前八名。

（2）两次获全国个人赛前十二名。

（3）两次达到等级称号赛规定之标准分。

（4）获国际棋联大师以上称号者。

一级棋士

具备下列条件之一者可获得一级棋士称号：

（1）全国个人赛第九至二十六名。

（2）省、自治区、直辖市个人赛冠军。

（3）全国少年个人赛冠军。

二级棋士

具备下列条件之一者可获得二级棋士称号：

（1）全国个人赛第二十七至四十八名。

（2）省、自治区、直辖市个人赛二至六名。

（3）全国少年个人赛第二至六名。

三级棋士

具备下列条件之一者可获得三级棋士称号：

（1）省、自治区、直辖市个人赛第七至二十四名。

（2）省、自治区、地区（直辖市的区）、自治洲个人赛前六名。

（3）县个人赛冠军。

女子特级大师

具备下列条件之一者可获得女子特级大师称号：

（1）三次获全国个人赛冠军。

（2）两次获全国冠军并获国际大师称号。

（3）两次达到等级称号赛规定之标准分。

（4）获国际特级大师称号。

大师

具备下列条件之一者可获得大师称号：

（1）全国个人赛前六名。

（2）两次获全国前八名。

（3）两次达到等级称号赛规定之标准分。

（4）获国际棋联大师以上称号者。

一级棋士

具备下列条件之一者可获得一级棋士称号：

（1）全国个人赛第七至第十四名。

（2）省、自治区、直辖市个人赛冠军。

（3）全国少年个人赛冠军。

二级棋士

具备下列条件之一者可获得二级棋士称号：

（1）全国个人赛第十五至二十四名。

（2）省、自治区、直辖市个人赛第二、三名。

（3）全国少年个人赛第二、三名。

三级棋士

具备下列条件之一者可获得三级棋士称号：

（1）省、自治区、直辖市个人赛第四至十六名。

（2）省辖市（直辖市的区）、自治洲、地区个人赛前三名。

（3）县个人赛冠军。

PART 13 明星花絮

国际象棋第一位世界冠军——斯坦尼茨

斯坦尼茨（1836－1900），出生于波西米亚的布拉格（现捷克共和国）。1886年夺得国际象棋第一位正式世界冠军，从1886年到1894年他一直坐在这个宝座之上。在对局的战略计划方面他是有史以来最富有宏伟思想性的高手，虽然在复杂的战术组合和进攻方面，他的对手楚凯尔托特和齐戈林都比他略胜一筹。然而，斯坦尼茨对防御的深刻理解（一些专家认为斯坦尼茨的防御法被第一次世界大战中借用为战壕防御），和他的蚕食战术、积小胜为大胜的理论影响了整整一代的特级大师。

从斯坦尼茨手中夺走世界冠军称号的拉斯克在1937年出版的《国际象棋手册》中这样宣称："斯坦尼

斯坦尼茨

茨是一位有资格上大学讲台的思想家。"拉斯克并没有过甚其辞。斯坦尼茨是国际象棋理论史上第一位试图提出棋弈的客观潜质及其内在逻辑的人。他首创局面学派，指出国际象棋艺术有一套不依靠偶然因素而变化的内在规律，各种局面都有其特点，着法必须同具体的局面特点相适应；除了各个棋子本身的价值外，还存在各棋子之间相互作用的价值等。他在以《现代国际象棋教程》为代表作的一系列著述中，阐明了自己局面学说中有关棋弈的基本原则和方法。他的伟大贡献在于，他奠定了一门科学理论的基础，使人们对国际象棋的战略和战术有了更深的理解。

国际象棋不属于精神脆弱的人！

斯坦尼茨12岁学棋。1851年之后，伦敦棋坛举行了不少重要的赛事，更有意思的是，伦敦的辛普森咖啡馆无形中成为世界著名棋手聚会的地方。在那儿，棋手聚集在一起，摆弄和研究对局。因此，那里被称为"国际象棋和雪茄咖啡馆"，业余爱好者可以和著名大师们赌彩下棋，在那里经常举行大大小小的比赛，棋迷们可以了解最新对局和棋书。那里也像是伦敦上流人士的国际象棋俱乐部。1851年在辛普森，安德森和基泽里茨基之间即兴地下了一个不朽对局。斯坦尼茨很快来到了英国，业余棋迷的挑战者身份使他收入大增。

1858年，父亲把他送到维也纳去求学，期望他将来成为一名工程师。1862年，他参加了伦敦第二届国际大赛，虽然仅获第6名，但他的一局胜局被公认为该赛的最佳对局。这一年，他做出了一个困难的决定：离开维也纳综合技术学院，放弃工程师的平稳前程，而选择去伦敦当一名生活毫无保障的职业棋手。此后，他受尽颠沛流离之苦，但从不后悔自己选定的人生道路。"国际象棋不属于精神脆弱的人！"斯坦尼茨不止一次地这样说过。

1866年他击败了1851年伦敦大赛的胜利者安德森，接着又击败了两位英国的第一流大师伯德和布莱克贝恩。《田野》杂志或许没有固定的国际象棋专栏，但是却承认了斯坦尼茨的成绩并且邀请他定期投稿。这些稿件都是描绘和解说对局的典范。

棋逢对手

1879 年安德森去世之后，他的一个学生乔纳斯楚凯尔托特成了斯坦尼茨的主要对手。1871 年的时候，楚凯尔托特曾经在一次比赛中击败过安德森，可是 1872 年轮到他和斯坦尼茨比赛的时候他却被斯坦尼茨打得溃不成军。

在随后的十年当中，斯坦尼茨参加比赛并不多，但是他把精力主要集中在研究他的理论上了。在这段国际象棋历史上，对局常常因为巧妙的弃子和漂亮的攻击赢得人们的称许。但是斯坦尼茨提出，如果没有对手的错误就不可能赢得比赛的观点，这完全和人们的胃口不合。他指出，要不是防守出现了失误，那些眼花缭乱的进攻根本不能奏效。他还强调，对局必须是充满逻辑的，哪怕是微小的优势，都可以慢慢积累成较大优势，而进攻，则是建立在子力的位置优势的基础上。他在对局当中一直试图努力去证明自己的理论。

1883 年，在伦敦的一次锦标赛上，斯坦尼茨再次遇上了楚凯尔托特。14 名世界上最好的棋手两两捉对厮杀，一共 26 轮。这也是第一次正式使用计时钟的国际比赛。楚凯尔托特在前 23 轮当中居然取得了 22 胜的佳绩，确保第一的位置，而这时比赛尚有两周结束，其后他显得筋疲力尽输掉了最后的三场比赛，但是这仍然使他领先第二名的斯坦尼茨 3 分获得冠军。

第一位世界冠军诞生

此次比赛后不久斯坦尼茨就离开伦敦去了美国。在 19 世纪 80 年代的早期，斯坦尼茨的主要对手是 1883 年伦敦国际联赛的优胜者楚凯尔托特，两位高手都为世界冠军的王冠而奋战，这一冠军头衔是过去一直没有认可的。1886年1月11日星期一，他和楚凯尔托特决定举行第一次国际象棋世界锦标赛。比赛分为三个部分。第一部分在纽约，直到有一名棋手赢得4盘棋才结束。然后他们转移阵地到圣路易斯，直到有人再赢得3场比赛胜利才算结束。最后一个部分在新奥尔良举行，谁先赢到10盘棋就是最后的冠军。一个庞大的解说团在第一时间把每一步棋子的运动重新展现给无数的观众，而且每走一步，棋谱都会马上用电报传回欧洲，那里有很多人支持楚凯尔托特。

第一阶段，楚凯尔托特果然以4比1领先，但是在圣路易斯，斯坦尼茨扳回了局面，成了各胜4局，平1局。最后的决战在新奥尔良展开，在这个阶段的第15局时，斯坦尼茨终于以6胜5负4平抢先赢到10局棋获得了胜利。楚凯尔托特在最后5局当中仅仅平了1局，他显然是支撑不住这旷日持久的大战。斯坦尼茨以10胜5负取得冠军。

关于这次世界冠军赛的盛况，英国《国际象棋》杂志这样写道："曼哈顿国际象棋俱乐部的专门委员会十分仔细地研究了比赛的所有细节问题，印制了几千份包含对抗赛条件的细则。梅肯西队长把双方的走法复现在墙上四英尺见方的大棋盘上。这些走法立即通过无线电不仅播送到美国的各个俱乐部，而且还播送到伦敦。"击败他的唯一对手之后，斯坦尼茨独霸了这64格王国，而楚凯尔托特被挫败之后，身体健康崩溃，2年后就去世了，年仅46岁。

以后几年，斯坦尼茨定居美国，击败了欧洲两位特级大师齐戈林和贡斯培克，斯坦尼茨获得了世界冠军最高年龄记录。斯坦尼茨是第一个依靠参加比赛获得奖金度日的棋手，可是他仍然不能使他的退休生活舒适如意。他不得不在他颠峰期之后很久还要在赛场打拼，他最后因为精神疾病而在精神病院度过余生。

连续 27 年雄霸世界国际象棋宝座的拉斯克

拉斯克（1868－1941），德国人。他从 25 岁起保持国际象棋世界冠军称号长达 27 年，直到 1921 年他才一度让位于卡帕布兰卡。但接着他于两年后又奇迹般地东山再起。在拉斯克漫长的象棋生涯中，曾经历了 20 多次大型循环赛，其中包括 7 次世界冠军赛，结果他 13 次获得冠军，其显赫战绩震惊了世界棋坛，使许多世界强手望尘莫及。

拉斯克的棋风独特，从外表上看，他并不怎么出色，下棋时常常陷入困境、正当众人胡乱猜测他必输无疑时，他好像给对手用了什么麻醉剂似的，突建奇功，结果他反而赢了。

拉斯克不仅是一名杰出的象棋选手，还是位成就斐然的哲学家和数学家。因此，他能从弈棋中领悟哲理，也能把哲学原理用于下棋。他深知棋手不仅要与子力斗，而且要与人斗，因此他是最早运用心理战下棋的人。

拉斯克不仅是位出色的国际象棋实践家，而且是位卓越的国际象棋理论家。他的名著《象棋理智》《国际象棋教材》已被译成多种文字在世界各地出版。

27 年所向无敌

拉斯克出生在普鲁士，在 1889 年到 1893 年，他的威名远播德国、英国和美国。随后他在 1894 年 3 月 15 日至 5 月 26 日在纽约、费城和蒙特利尔向斯坦尼茨挑战。许多人认为拉斯克缺乏经验，而在对抗赛中拉斯克充分发挥了自己的才能，使得斯坦尼茨像个小学生似的招架不住。然而不服气者大有人在，有人发出怪论："与其说拉斯克胜了，不如说斯坦尼茨输了。"而且提出他们年龄相差太大，斯坦尼茨是58岁，而拉斯克只有25岁。

拉斯克成为世界冠军后，还得完成一个困难的任务，即要使世界棋坛承认自己的地位。他南征北战，成绩斐然。1895年至1896年在圣彼得堡，1896年在纽伦堡，1899年在伦敦，1900年在巴黎，一个胜利接着一个胜利，每到一处都把桂冠戴在头上，拉斯克打败许多世界一流的特级大师。

在数学系只念过四个学期的拉斯克，在厄兰根大学却出色地通过了哲学和数学博士论文的答辩，获得博士学位，并受到高度赞许。1900年，许多报纸上发表了这条轰动一时的新闻。

1908年拉斯克又出现在棋坛上，和一些强大的劲敌如：塔拉什、斯勒西特、马歇尔和耶诺夫斯基等作了多次卫冕赛，并都保住了冠冕。1914年，他参加圣彼得堡举办的国际大赛，击败了较为年轻的一代中名声鹊起的卡帕布兰卡和阿廖欣，仍雄霸在棋王宝座之上。

拉斯克从1894年到1921年，连续27年夺得世界国际象棋冠军。这样长时间拥有王位前所未有。

东山再起，雄风依旧

1921年在哈瓦那的世界冠军对抗赛中，拉斯克被挑战者卡帕布兰卡挫败。这位老冠军，由于德国第一次世界大战四年战事，他的经济、健康和精神都受到损伤，使他在和年轻的古巴选手的较量中竟然一败涂地，未能取胜一局。

在两年未参加比赛之后，1923年拉斯克在摩拉维群岛国际联赛中获得了第一名。1924年纽约国际联赛中，永不气馁的拉斯克又奇迹般坚定地出现在胜利的轨道上，他再度获得冠军，比他的年轻对手多半分，领先第三名阿廖欣4分，而此时拉斯克已经56岁了。正是在这次比赛中，他发现了一个残局理论，那就是在一定特殊的情况下，一马可以战和一车一兵，这无疑是令人震惊的发现。

十年以后即 1934 年，犹太出身的拉斯克为贫困所迫重返棋坛。德国纳粹专政之后，使他不得不远离家乡。多少年来他漂泊世界各地，苏黎世、诺丁汉和莫斯科。像他这样的年龄，还能战功累累，期间他战胜了卡帕布兰卡、两次战胜尤伟，实在是令人折服。

难能可贵的是，在他失去桂冠之后，在许多重大的比赛中，仍可获得胜利，并且在 67 岁的高龄时在世界一流级别的赛事中还能应付自如，胜券在握，真可说是宝刀未老。

拉斯克的棋艺经常使内行人士都惊奇不已，有人认为他对不幸的对手施以魔法或者催眠术。除此之外实在无法理解，他为何击败成群的著名的特级大师是如此轻描淡写。拉斯克是真正的战士，以争斗为乐。遇上旗鼓相当的劲敌，他会拼死战斗，结果往往是对手难逃劫数。

阿廖欣给他的评价是：并无太大的创造力，也无强烈取胜的愿望，但是有刺激对手犯错误的无与伦比的技巧，以及随即给予打击的卓越能力。

计时器是他的第 33 个棋子

作为哲学家和心理学家的拉斯克，是最早运用心理战于国际象棋的棋手。他把弈棋过程看作是人们智力活动的冲突范围内两种个性之间的战斗，对他来说，对局不只是运子和组合的结合，而是两位棋手感觉和情感之战，思想和意志力的较量，是人与人、个性与个性的拼搏。

在国际象棋巨擘中，拉斯克第一个考虑到自己对手的性格特征，他们的心理状态，而采取与之相适应的弈法。正因为拉斯克善于发现并利用对手性格上的弱点（这在当时无疑是难能可贵的），所以他的棋艺长盛不衰。"岁月的流逝对于这些铁人似乎不起作用。"这是人们对棋坛斗士拉斯克的评价。

拉斯克很清楚的认识到人会受到各种因素影响，因此对他来说，有必要利用这些因素获胜。有人说，计时器是他手中的第 33 个棋子。拉斯克下棋，等的就是对手犯错！

拉斯克同时也是位天赋异禀的数学家，而他的哲学博士论文被视为现代代数的基础。他是第一流的合约桥牌玩家，也写过有关桥牌与其他博奕游戏的书。他试图创造出竞争行为的通用理论，他受到了赛局理论的早期发展的影响，而他在关于博奕的书籍中，不甚详细的提出的一些问题，至今在纸牌游戏数学分析中仍常被提及。

拉斯克不仅是一位伟大的国际象棋手，也是一位真正的学者，一位真理的探求者。他的哲学和数学著作受到他的朋友兼合作者、大科学家爱因斯坦的高度评价："我最看重拉斯克的地方，是他的不可摧毁的那种独立思考的精神。这在现在，即使在科学群体中，也已经是非常罕见的品质。"

伟大的天才棋手——卡帕布兰卡

卡帕布兰卡（1888 - 1942），古巴著名棋手。自幼就显示出非凡的象棋天赋，他不满 4 岁就略懂棋理，11 岁成为古巴的强手之一，13 岁战胜了全岛冠军，震动了古巴棋坛。1921 年，他以四胜十和的不败战绩战胜了拉斯克，登上了国际象棋王位，成为第三位世界棋王。卡帕布兰卡是举世公认的伟大的天才棋手，因为他基本不研究棋，也不读棋书。这是十分罕见的。

卡帕布兰卡棋风泼辣，不管遇到多复杂的棋，他都能闪电般地审局度势，从容应付。他着法细腻和运子周密令众多世界强手钦佩。"艺高人胆大"，他有时竟冒着风险挑起尖锐的局面，以发挥他着法灵活多变的特长。

卡帕布兰卡

卡帕布兰卡不仅棋高一着，在理论研究中亦胜人一筹。他所著的《我的国际象棋生涯》《国际象棋基础》《国际象棋教科书》等世界著名的国际象棋理论著述令后人视若秘笈，对于发展国际象棋理论作出了卓越的贡献。

少年成名

卡帕布兰卡 1888 年出生于古巴哈瓦那，他的父亲是一位业余棋手，经常与人在家里下棋。谁也没有在意 4 岁的小卡帕布兰卡有什么特别，直到有一天他父亲与人下棋时，他居然能指出双方的漏招，这时候父亲才对小卡帕布兰卡注意起来。

当卡帕布兰卡 8 岁时，他被父亲带到了哈瓦那一个国际象棋俱乐部，这里是许多名棋手聚会的地方，小卡帕布兰卡在这样的环境中当然是受益匪浅，加上良好的天资，他入会不到半年，就已崭露头角。13 岁时，他同当时古巴的顶尖棋手全国冠军科尔进行对抗赛，在先输两局的情况下，后来居上，结果以 7：5 获胜引起了古国际象棋界不小的轰动。

1905 年他 17 岁时进入哥伦比亚大学，还参加曼哈顿象棋俱乐部并击败了那里的冠军。1906 年当时的世界冠军拉斯克博士来访，举行了一次车轮应众表演，而卡帕布兰卡赢了自己那局闪电战。1908 年他首次参加美国一个联赛，结果打破所有记录，不管是成绩还是同时进行的速度。他连续经过 10 个环节下了 168 盘棋之后，才输了第一盘，最终总成绩是 703 胜 19 和 12 负。1909 年卡帕布兰卡令象棋界惊异，他以 8 胜 14 和 1 负战胜了美国冠军马歇尔。

少年成名，成年后一无所成的例子并不鲜见，但卡帕布兰卡却没有成为王安石笔下的仲永。他一边读书，一边下棋。后来，卡帕布兰卡决定离开美洲去欧洲发展，因为那里才是国际象棋的中心。

胜多败少

1911 年的圣塞巴斯公开赛是年轻的卡帕布兰卡参加的第一次国际比赛，参赛棋手中有鲁宾斯坦，马歇尔，尼姆佐维奇，塔拉什等著名大师，可谓群星荟萃。但谁也没有料到，23 岁的卡帕布兰卡以 6 胜 7 和 1 负的战绩获得了冠军。因为此次比赛的卓越表现，卡帕得到了好多国家国际象棋协会的邀请，去各国访问，进行车轮表演赛。

1913 年卡帕布兰卡在古巴外交部谋得职位，名头是"古巴政府派驻世界特派全权大使"。这个头衔便于他旅行世界参加各项比赛。可惜他与第一位妻子离婚后，她的家族将他降格为商务参事。

1914 年举办了圣彼得堡超级大赛，卡帕第一次和当时的世界冠军拉斯克同场竞技，最后的结果是两人并列冠军。卡帕布兰卡因此成了沙皇尼古拉所命名的最早五位国际象棋特级大师中的一员。本来，卡帕布兰卡应该和拉斯克进行一次世界冠军对抗赛的，但因为一战的爆发，而被推迟了。但即使如此，卡帕布兰卡还是继续参加了一系列的比赛，一项统计表明：从 1911 年到 1918 年，卡帕创造了一项空前的记录，胜了 136 局，只输了 10 局，另一项统计表明：从 1916 年至 1924 年，卡帕布兰卡直到 1924 年在纽约国际赛上才输了第一盘棋，输给了列蒂，结果这盘负局成为世界名局而广为传播。

谁与争锋

1921 年，因为世界大战搁置已久的世界冠军对抗赛终于在卡帕布兰卡的故乡哈瓦那举行，由卡帕布兰卡向拉斯克挑战，可谓是占尽天时、地利、人和，卡帕布兰卡以不败的战绩获胜。新的世界冠军产生了，而保持了世界冠军27年之久的拉斯克终于逊位了，卡帕成为国际象棋史上第三位世界冠军。这场比赛，拉斯克输得心服口服，他说："卡帕布兰卡是一位天才棋手，世界冠军的头冠带在他头上应是当之无愧的。"

成为世界棋王后，卡帕布兰卡提出的条件是，向他发出挑战的候选人必须拿出1万美元作为见面礼，否则别想让他接受挑战。这在当时可是一笔不小的数字。

尽管如此，卡帕布兰卡仍然成为人们心中赶超的目标，一个又一个优秀选手向他发起了挑战，但大多数几乎无功而返，一时间，似乎无人能撼动他的世界王者地位。而他逐渐成熟的棋风和一些构思巧妙的名局给人们留下了宝贵的财富，大家都一致认为"卡帕布兰卡是一位天才选手，在他的棋中蕴含着无与伦比的真正深度的美。"他对国际象棋也有独到的见解，他说：国际象棋无疑和绘画或雕刻是相同的艺术。

1925年的莫斯科大赛发生了两件趣事，一次车轮表演战，卡帕布兰卡赢了其他所有盘棋，除了被一个带眼镜的12岁男孩逼和，赛后他对这个男孩说："总有一天你会是冠军。"那个男孩就是米哈依尔·鲍特维尼克。13年后，鲍特维尼克不仅在AVRO超级大赛战胜了卡帕布兰卡，而且最终成为了世界冠军。第二件事是，比赛进行之中某个时刻，卡帕布兰卡美丽的妻子走进比赛厅，他显然被她迷住了以致把马放错了地方，于是他失去了马也失去了那局棋。

永久遗憾

1927年在布宜诺斯艾利斯，卡帕布兰卡与阿廖欣进行了世界冠军的对抗赛，比赛破记录的产生了25盘和局，阿廖欣最终以6胜4负折桂。

卡帕布兰卡没有想到的是，他输掉了这次世界冠军赛后，再也没有能将冠军夺回。本来按照世界冠军赛的规定，卫冕冠军失败后，可以有一次回敬赛的机会。但 1929 年经济危机，使卡帕布兰卡拉不到赞助，那时谁向世界冠军挑战，是要付给世界冠军一笔不菲的金钱的。很多资料都认为回敬赛没有举行，是阿廖欣的原因。最客气的说法，也是说阿廖欣没有努力实现回敬赛。可以想见，阿廖欣当时是世界冠军，他主观上想和谁下，就可以和谁下，选择权其实在他。这些问题如果放在当代，基本不成问题，两个当时最伟大的棋手，肯定有人愿意出钱促成他们较量的，但在 20 世纪 30 年代却不行。

对广大棋迷来说，没能再次看到卡阿对抗赛无疑是个遗憾。对阿廖欣来说，没和卡帕布兰卡进行回敬赛，难道没有卡帕布兰卡太强大的原因吗？因为回敬赛没能举行，卡帕布兰卡和阿廖欣反目成仇。两人在参加同一个比赛时，相互之间不说话，不看对方，甚至不住同一家酒店。而卡帕布兰卡抓住了棋盘上的机会报复阿廖欣，在阿姆斯特丹，在格罗宁根，在诺丁汉的每一个公开赛，卡帕布兰卡都痛击阿廖欣。两人在 1927 年对抗赛后又下了 13 盘棋。卡帕布兰卡 5 胜 7 和只有一局超时负。从这一结果上可以判断，卡帕布兰卡的实力无疑还是在阿廖欣之上的，他应该是当之无愧的冠军。1936 年的诺丁汉公开赛，是卡帕布兰卡的最后一次光荣之战，他和新锐鲍特维尼克并列冠军。此后，因为心脏病的原因，他很少参加比赛了。1942 年，他在参加一次俱乐部活动时，心脏病突发，像一个斗士一样，倒在了棋盘边。古巴总统巴蒂斯塔私人出资为他举行了隆重的葬礼。

国际象棋天才——阿廖欣

亚历山大·阿廖欣（1892～1946），俄裔法国男子国际象棋选手。国际象棋第四位世界冠军。阿廖欣技术全面，富于独创性，棋风以新奇

见长，首倡力争主动型着法。1924、1925、1933 年，三度打破蒙目棋的世界纪录。1927 年从古巴的卡帕布兰卡手中夺得世界冠军。该称号 8 年后被荷兰人马克斯·尤伟取得，1937 年又从尤伟手中夺回并保持终生。他一生中共 87 次参加世界性国际象棋大赛，62 次获得冠军。著有《我的最佳对局 300 局》和《盲棋 60 局》等。

阿廖欣

高手云集中出类拔萃

亚历山大·阿廖欣出生在俄国一个贵族大地主家庭，父亲是议员。从小阿廖欣就对国际象棋感兴趣，7 岁那年在母亲的指导下开始学习国际象棋。他自幼就"感觉到一种不可抗拒的对国际象棋的强烈渴望。"少年时代他就钻研大量开局理论，潜心种种国际象棋文献。

1914 年初阿廖欣和尼姆佐维奇在全俄罗斯名手的比赛中并列冠军，进而获得了跻身于彼得堡国际联赛的资格。这是一次高手云集的比赛：其中有世界冠军拉斯克、未来的世界冠军卡帕布兰卡、世界冠军挑战者鲁宾斯坦、德国冠军塔拉什、美国冠军马歇尔、法国名手耶诺夫斯基、莫斯科名手伯恩斯坦以及与奇戈林齐名的英国布莱克贝恩和贡斯培克等。拉斯克和卡帕布兰卡分获前两名是理所当然的事，但阿廖欣夺得第三名颇出人意料，当时他还是一位名不见经传的法律学校的学生，年龄还不到 22 岁。

1914 年，阿廖欣还参加了在曼海姆举办的一次国际联赛。由于第一次世界大战爆发，该赛未能进行到底，阿廖欣因为先辈是俄国沙皇的一般贵族，当即被以敌人名义而拘留。从这次未终的比赛成绩来看，阿廖欣当属最佳，11 分中得了 9 分半，被公认为必然的胜利者。重获自由后，阿廖欣返回俄罗斯。

引起世界震动的"阿廖欣防御"

1920 年秋天，阿廖欣参加了苏维埃国家的第一次冠军赛，以不败记录取得俄罗斯联邦冠军的称号。同年冬天，阿廖欣被调到共产国际机关工作，被任命为文化教育部秘书。由于精通三门外语，他曾为访问苏维埃共和国的外国工人代表团作翻译。但是重返棋坛的念头始终没有离开过他，并且超过了一切其他想法。

阿廖欣于 1921 年夏天离开了俄罗斯。正当人们猜测他的令人不安的命运时，他却连获三次惊人的胜利，特里别克、布达佩斯和海牙三次国际联赛。参加者有欧洲最优秀的棋手。在三次比赛的全过程中，阿廖欣所向披靡，一局未失，而且他发明的"阿廖欣防御"引起了世界棋坛的轰动。他的命运确实多舛。他曾奔赴奥地利前线，据说是在医疗队服役。他受了伤。俄国革命胜利后他被逮捕过，他再一次被迫逃走，他先到瑞典，然后去了巴黎，并加入法国籍。他当过演员。他在著名的法国苏波尼大学完成博士论文答辩。

难以撼动的棋王之位

阿廖欣是自有世界冠军赛历史以来第一位两次荣获世界冠军的棋手。第一次是 1927 年与卡帕布兰卡的"泰坦尼克"战役。然而，赛后作为冠军的他没有接受卡帕布兰卡的挑战。此后八年，阿廖欣独霸棋坛，这是从拉斯克称王以来从未有过的。对于阿廖欣来说，一个胜利接着一个胜利，横扫棋坛无敌手。于是，在棋盘上他已不感到刺激，他以酗酒寻找刺激。阿廖欣就是这样在醉醺醺地于 1935 年世界冠军赛中以 8 胜 9 负 13 和将冠军输给了尤伟。失败给这位任性的天才上了生动的一课，阿廖欣吸取了这一沉痛的教训。与 1927 年失冕的卡帕布兰卡不同，阿廖欣聪明地与尤伟签订了回敬赛的合同。他克制了对烈性酒的嗜好，在 1937 年带着清醒的头脑，利用回敬赛的机会以 11 胜 6 负 13 和击败尤伟，复辟成功。阿廖欣在不再参加卫冕赛的情况下，一直戴着这顶王冠直到 1946 年离开人间。当然，第二次世界大战使国际象棋组织处境困难，在 1937 年之后，他没能进行卫冕赛，很难说是他的责任。

在 20 世纪 30 年代的大部分时间里，除了卡帕布兰卡，阿廖欣就基本没有一个匹敌的对手。阿廖欣和卡帕布兰卡的棋风比较，和局面型的卡帕布兰卡棋风完全相反，阿廖欣崇尚进攻，是战术组合型的棋手，喜欢弃子，对局中经常有连珠妙着出现，经常在 20 几步就将死对手。由于阿廖欣在国际象棋上的卓越造诣，时人评价他，远远超过了当时的时代。

死在棋盘旁

1946 年 3 月 25 日，在艾斯多里尔，阿廖欣在摆好棋子的棋盘旁悄然去世了。后来，阿廖欣的骨灰被运到法国并埋在巴黎公墓。在他逝世十周年之际，在他的墓上竖起了纪念碑，大理石板上铭刻着："亚历山大·阿廖欣——俄罗斯和法国的国际象棋天才。"出席纪念碑揭幕仪式的有：国际棋联领导人、苏联驻法国大使、苏联棋手代表团、阿廖欣的儿子、友人和崇拜者，以及法国的棋界人士。

虽然阿廖欣加入了法国籍，但苏联人仍然把他看成苏联象棋学派的奠基人。现在俄罗斯人始终将他和鲍特维尼克、两卡并提，把他看成俄罗斯历史上的最伟大棋手之一。

登上国际象棋顶峰的业余棋手——尤伟

尤伟（1901—1984），荷兰人。1935 年荣获第五个世界国际象棋冠军称号。与其他棋手不同的是，尤伟从未成为一名职业棋手，他曾在中学教书，后来成为大学教授。他常著书立说，为报刊撰文写稿。在如此繁忙的工作之余，他以非凡的才能，有效地利用时间，钻研棋艺，参加循环赛。他之所以能成为国际象棋特级大师，与他珍惜时间，善用时间不无关系。

1970 年至 1978 年尤伟当选国际棋联主席；在任期间，他遍访世界各地，对发展普及国际象棋活动，特别是对于发展中国家的国际象棋活动的开展，做出了卓越的贡献。他的著述很多，

尤伟

因而有国际象棋理论家的美称。

业余世界冠军

尤伟生于阿姆斯特丹，5 岁开始学棋，11 岁就开始参加国际象棋俱乐部的比赛。1928 年，尤伟在海牙成为业余世界冠军。他是最后一位登上国际象棋顶峰的业余棋手。他在 1926 年取得数学博士学位，尤伟博士从事过飞行、拳击和游泳。

尤伟第一次引起广泛关注是在 1921 年，他与加扎·马洛契的对抗

赛打平，2胜2负8和。看起来这好像是一位很快将成为冠军头衔争夺者的年轻闯入者。但工作与爱情使他的国际象棋的进展缓慢。在20年代他参加了大约60个联赛，下了20场对抗赛，但这些比赛都是很小的当地赛事。在20年代他平均一年只参加了一个强的联赛而且没有得过第一。在1926－1927年，他在公开对抗赛中小负于阿廖欣，2胜3负5和；在1928年和1929年他两次在十局对抗赛中以一分之差输给爱菲姆·波戈柳博夫；在1931年，他在一场艰苦的战斗中输给卡帕布兰卡，2负8和。这时他的联赛成绩开始提高了——1932年波恩第二名——落后于阿廖欣，1934年苏黎世也是落后于阿廖欣。

伟大的胜利：战胜阿廖欣

1935年在维也纳与阿廖欣进行的世界冠军对抗赛中，尤伟先是以1:3落后，但最终，他以9胜13和8负的战绩赢得了这场挑战赛。于是，在荷兰，他成为真正的民族英雄。从那时起荷兰便把国际象棋列为正式比赛项目。

特级大师阿罗德·邓克尔写道："没有什么比听到把马克斯·尤伟描述成'最弱的世界冠军'更让我愤怒的了……这些人说是由于阿廖欣酗酒尤伟才得以加冕。实际上，这两位巨人整个棋弈生涯总比分只是稍微偏向阿廖欣：44比38。一直到他们的第56局，比分还是咬得很死的平局！只是在阿廖欣赢得1937年回敬赛后，阿廖欣才保持领先。尤伟博士输掉了这次对抗，4胜10负11和，尽管他赢得了随后的公开赛的五局对抗，2胜1负2和。这两位棋手大体是在同一级别上。

尤伟博士是一位战术天才，他没有按阿廖欣的方式把天才用到计谋创作上，而是以一个数学家的严密精确来执行局面法则。汉斯·克莫奇说他是"逻辑化身而成的，法则与秩序的天才"。阿廖欣写道："公众们，甚至还有我们的朋友——那些批评家们是否发现尤伟实际上从来没有下过不正确的组合？他，当然，偶尔也会失算于……对手的组合，但当他握有战术行动的主动权时，他的计算……毫无缺漏。"

从尤伟同阿廖欣的多次对局来分析，上面对尤伟博士的棋弈风格的概括显然是很有见地的。如同阿廖欣所提到的，如果说理查德·列蒂仅仅对局面法则的例外感兴趣，那么马克斯·尤伟则相信在它们的"永恒性"外"还有点别的"。然而，在随后他俩的公开对抗赛中，归功于阿廖欣的顽强抵抗，尤伟博士如此有力地展示了他立法者般的风格，而究竟哪一步导致阿廖欣输棋至今未明。

为国际象棋的发展壮大孜孜不倦

马克斯·尤伟是第五位世界冠军。他走的是一条独特的道路：数学教授 – 棋手 – 棋艺理论家和社会活动家。有两点值得注意：其一他是作为业余棋手夺得世界冠军头衔的；其二是正当他棋艺处于顶峰期而大有作为之时，他的祖国荷兰在第二次世界大战中被纳粹占领。二战后他基本不再参加大型实战。

从1964年起他又成了两所大学的数学教授。尽管他非常忙碌，但总是积极从事国际象棋活动。尽管尤伟从来没有成为职业棋手，但他却把自己生命中的很多时间献给了国际象棋事业，他在退下冠军宝座后，继续进行着突出的国际象棋工作：作为棋手，在1939 – 1940年，他以微小差距输给保罗·凯列斯，5胜6负3和，在1946年他得了格罗宁根大赛的第二名——不错的成绩，但随后在1948年世界冠军对抗赛 – 联赛中失败；作为理论家，他编辑国际象棋期刊有很多年，对国际象棋的发展提出了诸多创造性的意见；作为作家，他写的书比任何一位世界冠军都要多；作为国际象棋领导者，他在1970 – 1978年间是国际棋联主席，为了国际象棋的发展，他访问过100多个国家并吸收了30多个新成员国。

"国际象棋王国"的"始祖"鲍特维尼克

米哈依尔·鲍特维尼克（1911—1995）是国际象棋历史上有着特殊地位的人物。在号称"国际象棋王国"的苏联棋手中，他是第一个荣膺国际特级大师称号和第一个荣登国际象棋世界冠军宝座的棋手。作为苏联国际象棋学派他是杰出的代表，被誉为"科学训练之父"，也是"国际象棋王国的始祖"，有"前苏联国际象棋之父"之称。同时作为电子技术领域和体育理论学的双博士，他被许多国家的国际象棋协会授予签发发明专利的资格。他不仅是棋艺和科研结合的卓越典范，而且在培养人才上也属功勋宗师，直到 21 世纪初仍是世界棋坛顶尖明星的双卡（卡尔波夫和卡斯帕罗夫）均出自他的门下。

难以撼动的"国际象棋王国"

二战刚结束，苏联棋手即以迅雷不及掩耳之势令人折服地横扫了世界国际象棋之岭。自 1948 年和 1950 年苏联棋手鲍特维尼克和鲁琴科相继登上个人男女世界冠军宝座，此后 40 余年，世界棋王棋后冠冕就像世袭财产一样在苏联人手中传来传去。其间，唯有美国棋手菲舍尔在 1972 年一度打破苏联男棋手对此的垄断；而

鲍特维尼克

在女子世界中，也只有中国棋手谢军在 1991 年才接管了这块世袭领地。

1970 年和 1984 年，贝尔格莱德和伦敦先后举办轰动一时的对抗赛，一方是苏联明星队，另一方是非苏联的世界明星队。每队 12 人，上场 10 人，各赛 4 轮。两次对抗赛的优胜者都是苏联队，其结果并不令人意外。

在 1991 年秋苏联解体之前，苏联棋手长期称霸世界棋坛。被称为"国际象棋王国"的苏联，拥有的国际特级大师数量居世界首位。国际棋联每年公布两次的世界等级分名册，最前 50 名中总是苏联人居半数以上，而且名次越往前靠，苏联棋手所占的比例也越高，而缔造这个王国的始祖是鲍特维尼克。

14 岁战胜卡帕布兰卡

鲍特维尼克出生在列宁格勒附近的一个别墅村镇（现在叫列宾）。同其他超级棋手不一样，他在 12 岁时才开始学习国际象棋。这种"迟误"使他不得不加倍努力，付出艰苦的劳动。

1925 年，当时的世界冠军卡帕布兰卡为参加莫斯科国际比赛来到了苏联，在列宁格勒为他安排的一次车轮比赛中，14 岁的鲍特维尼克很快使卡帕布兰卡陷入困境，并使他在第 32 回合时含笑认输，从此鲍特维尼克开始在棋坛扬名。

1931 年，鲍特维尼克取得了第七届全苏冠军赛的冠军称号。1933 年，他第二次荣获全苏冠军。

1935 年，在第二届莫斯科国际联赛中，鲍特维尼克和捷克冠军富洛尔并列第一，成绩超过了拉斯克、卡帕布兰卡两位前世界冠军。其中，他胜"弃子专家"斯皮尔曼的对局只用了 12 步棋，这个对局为全世界的许多棋刊纷纷登载，作为深刻理解开局奥秘的范例。从此鲍特维尼克成了一名蜚声世界棋坛的国际特级大师。

超越同时代所有的特级大师

1936 年，英国诺丁汉举办的国际联赛，集中了所有有资格争夺世界冠军的棋手，而鲍特维尼克和卡帕布兰卡并列第一名，使阿廖欣、拉斯克、尤伟、法因、富洛尔、列舍夫斯基等诸多棋手只能望其项背。

在 1938 年阿姆斯特丹国际联赛之后，当时的世界冠军阿廖欣曾说："在我下的 14 个对局中，我只感到一个对局对方超过了我，这就是第七轮同鲍特维尼克的对局。"阿廖欣还认为鲍特维尼克战胜卡帕布兰卡的对局是这次比赛的最佳对局。

从此时起，世界棋坛已公认鲍特维尼克是无可争议的世界冠军候选人。然而命运注定，要登上国际象棋的奥林匹斯山，鲍特维尼克还得秣马厉兵等待十年。由于第二次世界大战，他同阿廖欣之间的对抗赛未能如愿举行。

一位世界冠军大大地超过同时代所有的特级大师，这在国际象棋历史上是罕见的。另一个少有的情况是，鲍特维尼克在国际象棋上不断取得胜利的同时，在自己的专业技术上也不断前进，30 年代初期他成了电器工程师，后来又获得技术学科候补博士学位。在 1948 年成为国际象棋历史上第六位世界冠军之后，第三年即 1950 年又成为技术科学博士。同时从事两个专业，其任务的繁重是可想而知的，但也许正是他的技术科学专业使他具有超过常人的分析能力，使他在棋艺上达到预想的成功。

创造 15 年的卫冕纪录

阿廖欣于 1946 年猝然逝世之后，刚把前苏联纳入新会员的国际棋联，决定由当时世界上最强的六名特级大师进行四循环对抗赛，以决出新的世界冠军。于是，1948 年 3 至 5 月，在海牙和莫斯科举行了这届特殊的世界冠军赛。鉴于美、法因在临近比赛时拒绝参加，该赛被称为

"五强赛"。比赛结果鲍特维尼克提前三轮就已经取得了世界冠军称号。

在 1941 年至 1948 年的 8 年中，鲍特维尼克曾赢得了全部 8 次高级比赛，鲍特维尼克在最后三轮之前，就已取得了世界冠军资格。1948 年在国际象棋历史上记载着两件大事，一是前苏联国际象棋学派崛起，二是鲍特维尼克从此开始确立长达 15 年的世界冠军卫冕纪录，在此期间这项纪录曾中断两次，1957 年和 1960 年，前苏联华西里·斯梅斯洛夫和米哈依尔 - 塔尔因此成为棋史上第七和第八位世界冠军，但是每次都不超过一年，鲍特维尼克都在次年回敬赛中把冠冕夺回。

1948 年之后他参加了 7 次对手均系前苏联人的世界冠军对抗赛。其中，1951 年和 1954 年他分别战平布龙斯坦和斯梅斯洛夫，卫冕成功；1957 年和 1960 年他分别负于斯梅斯洛夫和塔尔而失去桂冠，但他均于次年夺回。其中，1961 年对塔尔的回敬赛，鲍特维尼克已年届 50 岁，竟然战胜风华正茂、年方 25 的对手，令人惊奇。对此，他本人解释说："塔尔是一位很有天才的棋手，在尖锐的局面中，当胜负取决于复杂的运子本领时，他的力量能最好的发挥。我成功地把战斗控制在另一条轨道上，使他不能得到他爱好的局面……"

在 1963 年的世界冠军对抗赛中，鲍特维尼克输给了彼得罗辛，失去了保持 15 年的世界棋王的王位（除了中间两次短暂的间断）。由于国际棋联取消了传统的回敬赛，鲍特维尼克遂拒绝参加为重新夺回这一冠冕的后选人赛，虽然他继续参加国际比赛直至 1970 年。

丰厚的国际象棋遗产

鲍特维尼克是棋史上技术和棋艺最全面的世界冠军。他的棋风富有独创性，总是力争主动，既讲究局面原则，又不受原则束缚。他善走复杂局面，又能以精确的计算简化局面。他精通战术组合，能看出多步连续着法变化并予以取舍，同时又是一位出色的局面型弈法高手、杰出的防御家、残局大师和开局专家。作为取得世界冠军王座的第一位苏联公民，意味着他是"前苏联国际象棋王国"的始祖。他于 1948 年创建了这个"王国"，前苏联在 1991 年解体之后，以鲍特维尼克的学生辈卡尔波夫和卡斯帕罗夫为代表的棋手又把这一"王国""翻版"为"俄罗斯国际象棋王国"。鲍特维尼克留下了不少宝贵的国际象棋遗产，其中，《我的棋艺生涯》《半个世纪的棋》等力作都是国际象棋理论宝库中的珍品。

"仅次于牛顿和爱因斯坦的智力巨人"
——菲舍尔

鲍比·菲舍尔（1943－2008），生于美国芝加哥。他是目前美国历史上唯一一位国际象棋世界冠军。有"国际象棋坛莫扎特"之称。菲舍尔一生充满传奇和争议，他是国际象棋罕见的天才，1972 年战胜世界冠军斯帕斯基，改变了自 1948 年以来苏联独霸天下的格局，这让他成为美国"国家英雄"。他还创造了"八连冠"的辉煌战绩。但他违反禁令参加比赛却使他沦为通缉犯，而对 9·11 恐怖袭击的冷漠，又令他被斥为"国家公敌"，被迫开始漫长的流亡生涯，入籍冰岛。

当时最年轻的国际特级大师

菲舍尔 6 岁时和姐姐随母亲从芝加哥搬到纽约的布鲁克林。姐弟俩参照一本象棋入门的小册子学下棋，他 7 岁进布鲁克林国际象棋俱乐部学棋，13 岁时，母亲请名师约翰·科林指导他下棋。菲舍尔学棋很用功，读书可不行，是个曾被学校开除过的问题学生。

1957 年，14 岁的菲舍尔赢得了第一顶桂冠——全美少年象棋冠军。1958 年，他赢得全美象棋冠军，取得了参加国际比赛的小组赛资格，

鲍比·菲舍尔青年照

成了当时象棋史上最年轻的国际特级大师。

1962年，菲舍尔参加在库拉举行的棋王候选人对抗赛。但最后排名第四位的结果让他非常失望。1964年的大赛在阿姆斯特丹举行，菲舍尔认为苏联人在这次比赛中，肯定会全力以赴地对付他，他决定不参加这次比赛。即使知道国际象棋组织已经修改了比赛规则，限制苏联选手的名额，他也坚持不去。1967年大赛在突尼斯举行，他因失误败北。

大战之前插曲多

菲舍尔1972年的改写国际象棋史的"世纪之战"，应该从1969年的循环预选赛算起，这是他王者之旅的起点。美国赛区的赛事同年举行，决出了三名资格选手准备参加世界冠军候选者对抗赛。有趣的是，这位改写象棋历史的人物，此时还只能袖手旁观。这是因为他对比赛规则有意见，对奖金不满意，因此跟美国棋联僵持不下，没有参加预选赛。为了能让他参加棋王争霸战，已经入选的第三名棋手，特级大师鲍尔·本把自己的名额让给了菲舍尔，条件是美国棋联得付给他2000美元作为补偿。其他两名选手也同意为菲舍尔保驾护航，实际上他们也是这么做的。这一切不寻常的安排，都是美国棋联主席爱德蒙松努力促成的结果。

菲舍尔在棋王挑战者候选人对抗赛中，几乎没有遇到很大的阻力，他的棋路在世界顶级棋手中还没有人能与他为敌。1971年，他顺利打败了多位世界顶级高手，赢得了挑战棋王鲍里斯·斯帕斯基的资格。

在与鲍里斯·斯帕斯基争霸赛准备阶段，菲舍尔认为奖金太少。伦敦某银行家马上追加捐赠 12.5 万美元，使奖金总额上升为 25 万美元。在选择场地的问题上，斯帕斯基喜欢冰岛；菲舍尔要去南斯拉夫，两人互不相让，为此菲舍尔宣布退出比赛。后来美国国务卿亨利·基辛格打电话鼓励他，希望他参加比赛，为国争光。他最终同意前往冰岛。

改写国际象棋史的"世纪之战"

1972 年 7 月到 9 月，菲舍尔和斯帕斯基的棋王争霸赛在冰岛首都雷克雅未克进行。比赛共 21 局，菲舍尔以总分 12.5 比 8.5 的成绩挑战成功。这次胜利在他的象棋生涯中树起了两块里程碑，一是实现了冠军理想；二是成为了得分率最高的棋手。

菲舍尔单枪匹马打败了国际象棋史上称王称霸的前苏联人，又由于美苏当时正处于冷战阶段，所以他成了美国人心目中的"国家英雄"。美国人不计较他那些令人反感的古怪念头和行为方式，把他捧为红极一时的天才偶像。他成了杂志封面人物，频频在电视上露脸。美国象棋联合会注册成员猛增三倍，这种现象被称作"菲舍尔轰动效应"。和菲舍尔名子有关的电影《王者之路》应运而生；一时间关于他的各类文章、作品、小说如雨后春笋般涌现。

从挑战成功到下届大赛，短短的三年时间，菲舍尔忙得是不亦乐乎，不过他还忙里偷闲写了两部畅销书：《我的 60 盘难忘棋局》和《菲舍尔教你下棋》。菲舍尔还率先提出了"加秒制"的国际象棋计时规则。而这一计时规则目前已在世界棋坛大大小小的比赛中普遍采用。除此之外，菲舍尔还首创了 Chess960 下法（任意制国际象棋）。每年一度的德国美因茨国际象棋节是 Chess960 的盛会。世界各国顶尖高手都对此有着极大的兴趣。

赢得"世纪大战"后，赞助商纷至沓来，赛事邀请络绎不绝，但除了在电视上亮了几次相之外，菲舍尔拒绝了绝大多数邀请。之后，他长期隐退。1975 年，他甚至放弃卫冕，使前苏联棋坛新人卡尔波夫成为历史上首位因对方弃权而获得最高荣誉的棋手，而菲舍尔也是迄今为止唯一一个"不战而败"的世界象棋冠军。据说，菲舍尔当时向国际棋联提出了多达 63 个要求，并称"如不满足这些要求，就永远不打棋王卫冕战"，这让国际棋联哭笑不得。

从"国家英雄"到"国家公敌"

1992 年，菲舍尔突然复出。当时，受联合国制裁的南斯拉夫为改变在国际上的孤立处境，举办了一场国际象棋大赛。美国政府警告菲舍尔："如果参赛，按照美国法律将被处以 25 万美元的罚款和 10 年监禁。"但在新闻发布会上，菲舍尔公然朝警告信吐了一口唾沫。

当年 9 月 2 日，在南斯拉夫的圣斯特凡岛，菲舍尔与昔日对手斯帕斯基进行了一场"20 世纪复仇赛"。菲舍尔卫冕成功，但华盛顿一个大陪审团很快以"与敌人交易"的罪名对他进行缺席审判，菲舍尔成了美国的通缉犯。为逃避诉讼，他开始流亡。

2001 年 9·11 恐怖袭击发生后，菲舍尔的冷血言论，让美国政府和民众非常愤怒，一时间他成了众矢之的，被斥为"国家公敌"。

2004 年 7 月，菲舍尔在日本成田机场被拘捕，罪名是他企图使用无效护照乘座飞机前往马尼拉。他的护照是美国驻瑞士使馆颁发的，有效期到 2003 年。他所面临的是引渡回国，10 年监禁以及 25 万美元的罚款。日本国际象棋协会的女会长决定"美女救英雄"，宣布要嫁给菲舍尔，以便为他申请留居日本的签证。可惜日本司法大臣迫于美国的压力不予通融，拒绝了他的申请，敦促他早日离境。

2005 年元月，菲舍尔给冰岛政府写了一封信，申请冰岛国国籍。出于对这个天才棋手身陷囹圄的同情，冰岛政府批准了他的入籍请求。

外界评价

国际象棋联合会主席伊柳姆日诺夫"他是国际象棋历史上的'标志性人物',是仅次于牛顿和爱因斯坦的'智力巨人'。"这仍被人认为是低估了菲舍尔的智商:因为据称菲舍尔的智商为 187,而爱因斯坦仅为 160。这样的智商使菲舍尔 6 岁就可以仅凭一副国际象棋的说明书学会下棋,并迅速刷新美国棋坛所有冠军的年龄纪录。

菲舍尔的老对手、前国际象棋世界冠军卡斯帕罗夫评价说,菲舍尔在 20 世纪 60 年代给国际棋坛带来了"革命性突破"。

鲍比·菲舍尔老年照

卡斯帕罗夫在《棋与人生》中回忆说:"菲舍尔的成功和英雄般的魅力,使得国际象棋影响了一整代棋手,尤其在美国有着数量巨大的'菲舍尔一代'。菲舍尔和斯帕斯基对抗赛发生之时我只有 9 岁。当时我和朋友们急切渴望地关注着他们的对局。尽管菲舍尔的手下败将绝大多数都是苏联人,但菲舍尔在苏联有着许许多多的爱好者。"

世界上最伟大的国际象棋棋王
——卡斯帕罗夫

卡斯帕罗夫,1963 年生于前苏联阿塞拜疆的巴库,国际象棋国际特级大师，国际象棋世界冠军。曾在 1999 年 7 月达到历史最高的 2851 分国际棋联国际等级分。在 1985 年至 2006 年间 23 次获得世界排名第一。曾 11 次取得国际象棋奥斯卡奖。2005 年 3 月 11 日在第九次夺得利纳雷斯超级大赛冠军后，他宣布退役。他是目前世界上最伟大的国际象棋棋王。

两卡的巅峰对决

卡斯帕罗夫从小就显示出国际象棋的天赋，他在受到前苏联国际象棋机构全面的训练之后，随之而来的便是他辉煌的战绩。8 岁开始接受职业训练，1978 年取得大师称号，1980 年他获得世界少年组冠军，1981 年开始代表苏联参加国际象棋奥林匹克团体赛，并取得特级大师头衔。

这时的卡斯帕罗夫的眼光盯上了世界冠军的头衔，而这项冠军有别于以往巡回赛，取而代之的是对抗赛。1984 年他一路过关斩将赢得向当时的世界冠军卡尔波夫挑战的资格。

卡斯帕罗夫

"两卡"的第一次世界冠军争夺赛，1984 年 9 月 10 日于莫斯科苏联工会礼堂揭开序幕。卫冕冠军卡尔波夫正值 33 岁盛年，自 1975 年菲舍尔拒绝参赛，不战而成为棋史上第 12 位世界冠军后，他头戴棋王金冠已达 9 年。在蝉联 3 届世界冠军桂冠（1978 年和 1981 年，他两次击败瑞士籍原苏联高手科尔奇诺依的挑战）期间，他曾数十次在重大的国际比赛中夺魁，8 次获国际象棋奥斯卡金像奖。

　　比赛的赛制是先胜 6 局为胜者，和局不计分。战幕拉开之后，这一对历届世界冠军赛中最年轻的对手连下两个和局，第 3 局卡尔波夫攻开突破口，以 1∶0 领先。第 6 至 9 局，他又得了 3 分，前 9 局 4∶0 一边倒。此时舆论大哗，似乎专家们预测的所谓"一场完全势均力敌的生死搏斗"，将被证实是无稽之谈。第 10 到 26 局双方连下了 17 局和棋。第 27 局大卡凭先行之利，以一连串巧妙和正确的打击，向对方施加持久和逐步加重的战略压力，又得 1 分，5∶0。此时，人们对于谁是比赛优胜者这一点已无分歧，问题是大卡能否成为棋史上第一位有胜无败的世界冠军，另一问题是还需下几局和棋他才能拿下最后一分。而在小卡一方，即使是热情的支持者，也认为继续抵抗无非是拖时间和摸索经验以利下届再战而已。

　　然而，事情的发展为人们始料所不及，年轻的挑战者竟然顶住巨大压力，从第 32 局起，未失一局，相反胜了 3 局，把比分追成 3∶5。1985 年 2 月 15 日，国际棋联主席坎波马内斯宣布，结束目前的比赛，同年 9 月重赛，比分从 0∶0 算起，最高赛局数被限制为 24 局。这位主席谈到这一决定时说，这次业已弈了 48 局的比赛，打破了自 1886 年开始的国际象棋世界冠军史上的种种纪录，这包括比赛的总局数、和局数、连续和局数，尤其是持续的天数。比赛已进行了 159 天，不仅两位对手，而且所有同这场比赛有关的人员都已心力交瘁。

　　这场跨年度的棋王争霸战是棋史上唯一的一次没有结果、没有胜者的世界冠军争夺赛。而比赛未结束就被宣布中止，其本身也是世界冠军赛历史上的一项前所未有的纪录。

　　1985 年世界冠军争夺赛，也即两卡第二次对抗赛，于 9 月 3 日在莫斯科柴可夫斯基音乐厅重燃烽火。卡斯帕罗夫显示了自己的个性。在前苏联文化部长出席的开幕式上，他拒绝和卡尔波夫握手。此后，又多次拒绝卡尔波夫提出共同分析赛局的要求。这成了当时人们的热门话题。11 月 9 日 21 时 56 分，1500 名观众狂热地欢呼卡斯帕罗夫的名字，他以

13∶11 的战绩击败卡尔波夫，成了棋史上最年轻的世界冠军，时年 22 岁。

　　1985 年底，国际棋联决定恢复原世界冠军失冕后进行回敬赛的权利（这项权利，1963 年被取消，鲍特维尼克因而退出世界棋王的竞逐），并决定于 1986 年 2 月开赛。卡斯帕罗夫对此十分反感，声称自己太累，拒绝再赛。国际棋联主席坎波马内斯飞抵莫斯科，与卡斯帕罗夫交涉，未获结果。这位主席便宣布，如果卡斯帕罗夫拒绝参赛，将取消其世界冠军资格。最后，由前苏联国际象棋协会出面调停，谈妥回敬赛推迟到 7 月 28 日开幕。回敬赛的奖金总额为 91.5 万美元。

　　"两卡"在赛前的新闻发布会上，一致同意将这笔款项捐献给 1986 年春天苏联契尔诺贝核电站外泄事故的受害者。回敬赛的局数仍是 24 局，各 12 局先后在伦敦、列宁格勒两地举办。先胜 6 局或先得 12.5 分者为胜者，如果打平，则由"小卡"保持冠军头衔。

卡斯帕罗夫与卡尔波夫对弈中

英国首相撒切尔夫人出席了开幕式，回敬赛如期开始。起先双方似都有试探对方的意向，接连下了 3 局和棋。第 4 局"小卡"临危不惊，顿时使局面改观，逼迫对方签订和约。这局棋对"大卡"影响不小，第 8 局他输了，以后又连下 4 局和棋，第一阶段前 12 局，小卡领先 1 分。

　　经一星期休整，双方迁至列宁格勒。"小卡"又赢了第 14、16 局，从而领先 3 分。出人意料的是大卡从逆境中奋起，连胜第 17、18、19 局，把比分追成 9.5∶9.5。但是，"小卡"连失 3 城之后，斗志反而益发旺盛。继连续 2 局和棋之后，他以出色的着法赢得第 22 局。最后，又顽强地顶住"大卡"的进攻，战平最后 2 局，结果以 12.5∶11.5 的比分卫冕成功。棋坛行家的评论是："在有国际象棋历史以来，还找不到一对水平如此接近的高手决一雌雄。"

1987年10月，卡尔波夫以挑战者身份再次与卡斯帕罗夫对垒，比赛的地点是西班牙塞维利亚，比赛总奖金为320万美元。这两位个性迥异的巨星进行了一年一度的第四次对抗赛。

前8局双方平分秋色，但有一半棋局分出胜负，战斗非常激烈。弈至第16局，仍是平手。接下去又连和了6局。前22局，比分为11∶11，比赛进入白热化阶段，形势对卡斯帕罗夫有利，因为他在最后两局只要胜1局或和2局就能卫冕。第23局双方都全力冲刺，背水一战。经过苦苦纠缠厮杀之后，"小卡"以为出击时机已到，挥师入侵卡尔波夫王城，看似胜券在握，殊不料"大卡"以极其机智的一着化解了危局，迫使"小卡"投子认输。第24局一开始，卡斯帕罗夫便用一种从未露面的布局和卡尔波夫对阵，多少使"大卡"感到疑虑，以致大量消耗时间，仅仅弈26个回合，已经用得只剩下可怜的5分钟了。但局势仍不明朗，终于使他在时限紧迫的情况下放过和棋和重夺冠军的机会，从而使"小卡"以12∶12再次成功保持称号。

"两卡"的多次龙争虎斗，激起了亿万爱好者的兴趣。1987年，南斯拉夫一家最大的通讯社评选世界十大名人，与里根、撒切尔夫人、邓小平等政界风云人物同上一榜而分列第6、第7的正是这两位当代的超级棋星卡斯帕罗夫和卡尔波夫。

1990年世界冠军争夺赛，即第五次"两卡"之战，于10月8日起先后在美国纽约和法国里昂两地举行。纽约的前12局，双方均是1胜1负10和，各得6分打成平手。12月31日在里昂结束的第24局，双方弈到36个回合下成和棋，卡斯帕罗夫以12.5∶11.5的比分击败卡尔波夫，再一次卫冕桂冠。在棋盘上再次证明了自己是当今世界王中之王的卡斯帕罗夫除了拿到200万美元奖金之外，还获得了一只价值百万美元的由1018颗钻石镶嵌的奖杯。

12年后，被称为"两卡"第六次对抗赛的两大棋王的鏖战，于2002年12月在纽约举行。不过，比赛采用的是4局制快棋赛。51岁的卡尔波夫在先输第1局的不利形势下，最终以2.5∶1.5战胜了卡斯帕罗夫。

如果把"大卡"喻为国际象棋丛林的蟒蛇之王，那么，"小卡"恰似威慑四方的非洲雄狮。"两卡"棋风迥异，"大卡"稳健细腻，讲究子力协调，善于捕捉对方的微小失误，是最佳的局面型棋手；"小卡"则剽悍凶猛，行棋不拘一格，擅长长驱直入弃子搏杀，是最卓越的战术组合型棋手。自1984年至2002年，"两卡"进行了六次争霸战，交锋145局，"小卡"以胜20、负19、和106的总成绩略微领先。数据显示"两卡"堪称有史以来最强棋手中水平最为接近的一对，他们的巅峰对决是国际象棋史上人们永远津津乐道的佳话。

轰动全球的"人机大战"

1997年5月3日至11日在美国纽约和平大厦，世界棋坛一号人物卡斯帕罗夫与世界一号超级国际象棋电脑"更深的蓝"进行的6局对抗赛引起了全球性的轰动。这次比赛的奖金额比去年的更高，胜者70万美元，负者40万美元。随着现代信息技术的迅猛发展，电脑越来越多地参与人类活动的各个领域，从科学、商业到文化。正因为如此，许许多多基本上不懂国际象棋的人士也非常热切地关注着这场富有象征意义的"人机大战"。

"深蓝"大战卡斯帕罗夫

自1996年2月超级电脑"深蓝（Deep Blue）"以三负二和一胜的成绩败给卡斯帕罗夫之后，负责"深蓝"设计的 5 位计算机专家为它配备了最新的 P2SC 芯片,使它的速度翻了一番,达到每秒钟计算两亿步的程度;与此同时,美国冠军、国际特级大师本杰明加盟研制小组,运用自己的棋艺知识,调整机器的计算函数,提高它的"思维"效率和弈棋水平。因此,这台升了级的电脑被称为"更深的蓝"。研制人员还给"更深的蓝"输入了 100 多年来优秀棋手对弈的 200 多万局棋。与"深蓝"相比,"更深的蓝"具有非常强的攻击能力,在平淡的局面中也善于制造进攻机会。

这一场"人机大战"杀得难解难分。卡斯帕罗夫经过苦战,先胜首局。第二局,"更深的蓝"下得一点不带"机器味",完全像是一个真正的棋手,而且是最好的棋手,把比分扳成 1:1 平。第 3、4 局双方均激战成和。第 5 局,卡斯帕罗夫在获得优势后坐失良机,被机器逼和。第 6 局卡斯帕罗夫失利。最终,"更深的蓝"以 3.5:2.5 的微弱优势取胜。

由于本杰明的助阵,"更深的蓝"研制组的主管谭崇仁在赛前曾说:"去年比赛时,深蓝'的国际象棋知识还只相当于婴儿,而今年'更深的蓝'已经上过学了。"

这场"人机大战"中,卡斯帕罗夫手中的王牌是直觉、经验和对对手弱点的判断;"更深的蓝"依靠的是强大的计算能力和庞大的数据容量以及永不疲倦、永不分心、永远镇定自若也从不会犯战术错误的品质。不容忽视的是卡尔波夫关于这场比赛双方风格的评论,这也是卡斯帕罗夫致败的一个因素。

与全世界棋手的对决

1999 年,MSN 主办了一场由卡斯帕罗夫一人对抗来自全世界 75 个国家超过五万名西洋棋爱好者的网络比赛。棋赛以每天下一步的速度进行,卡斯帕罗夫有一整天的时间可以构思下一步,而来自全世界的玩家则也有同样多的时间在网络上以投票的方式决定要下哪一步。

比赛从该年 6 月 21 日、由卡斯帕罗夫执白棋下了 1. e4 之后开始，而在经过了四个月的漫长大战之后，于同年 10 月 22 日、卡斯帕罗夫下完了第 62 步之后，世界队伍投票决定投降，因而卡斯帕罗夫获胜。

卡斯帕罗夫事后表示，"我花在分析这盘棋上的时间比过去任何一场比赛都还要多"。

退役后投身政界

2000 年，卡斯帕罗夫在同弗拉迪米尔·克拉姆尼克的比赛中以 6.5 – 8.5 落败，从而失去了世界冠军头衔。2005 年在西班牙南部利纳雷斯的一项著名赛事中，第九次赢得冠军后，宣布在职业象棋手生涯中退休。

卡斯帕罗夫从棋坛引退之后，积极参与政治，成为总统弗拉基米尔·普京的主要反对派之一。2007 年 4 月 15 日，在参加反普京总统的示威游行时，遭警方逮捕，被以违反公共秩序的罪名罚款 1000 卢布后获释。11 月份，他再次因为参与反政府、反对普京的示威游行而被逮捕。

技惊来华访问团的戚惊萱

戚惊萱，生于 1947 年，浙江宁海人，上海棋手，国际大师，国家特级大师，高级教练。1975 年、1978 年连获两届全国冠军。1979 年、1980 年、1991 年又得 3 次亚军，是 1977 年至 1993 年 17 届全国团体赛中 13 次获得团体冠军上海队的主力。他又是 1977、1979、1981、1983 年第 2 届至第 5 届亚洲团体锦标赛的首席代表，为我国夺得 1 次冠军、3 次亚军立下了战功。1980 年起兼任上海队教练；1986 年起兼任国家集训队教练。1991 年为谢军战胜马里奇和齐布尔达尼泽赢得世界冠军立下了汗马功劳。他技术全面，开局娴熟，中残局功夫深厚，善于利用对方弱点。另外心理素质较好，斗志顽强，善于打持久战。是"文革"后把中国棋手的水平显露在外国人面前，并让外国人惊诧不已的人。

戚惊萱

战绩胜过国际特级大师托雷

从 1975 年起，我国的国际象棋运动开始恢复国际交往。先是国际棋联副主席坎伯马纳斯先生率领菲律宾国际象棋队来访，接着国际棋联主席、前世界冠军荷兰的尤伟博士也来我国访问。这一年，我国也同时恢复了国际象棋联合会的会籍。

1975 年 10 月，由国际棋联副主席坎伯马纳斯先生率领的以亚洲第一位国际象棋特级大师托雷先生为主力的亚洲劲旅菲律宾国际象棋队一共 10 名棋手来华访问。这是"文革"开始后，第一个外国国际象棋队来访，国家体委比较重视，组织了全国的优秀棋手在北京集训，以便做好各项准备工作。

根据商定的日程安排，比赛一共进行 6 场。菲律宾队在北京比赛两场，然后再去上海、杭州访问，在这两个地方再各赛两场，然后经过广州出境回国。

由于"文革"的影响，我国国际象棋队从未参加过亚洲比赛，我们国际象棋的运动水平在外国人的眼里是个未知数，而且他们对我们的估计容易偏低。因为"文革"以前，前苏联队来访，我们是输得很厉害，现在又有"文革"的干扰。菲律宾队是亚洲的强队，70 年代曾两次进入世界团体前 16 名。所以菲律宾队到了北京以后，和中国领队毛伯浩先生在谈判日程和比赛的一些规定的时候，出示了一份以托雷为首的运动员上场的名单，并且声明他们的出场次序不变，每天只是先后手轮流交换，中方的出场队员名单只要临场前通知他们即可，因为中国人多了，他们也不了解，不一定要提前告诉他们，哪一天哪一场谁上场都可以。不料两场比赛下来，中国队的战绩还不错，菲方虽然两场比赛都赢了，但是总分赢得都非常艰苦。特别是到了上海，中国的戚惊萱竟然胜了托雷，菲方就更为震惊了。到了上海以后，菲方提出，除了托雷不动外，其他人的台次也要每天调换，并要求在头一天晚上双方交换名单，这种违背谈判协议的做法，本来是没有道理的，中国完全可以拒绝。但那时正值"友谊第一，比赛第二"的口号在起着很大的作用。另外这又是我们"文革"以后首次跟外国人的交往，中方经过研究后就慨然同意了。这样才使得比赛继续顺利进行。

谈起菲方首席代表托雷先生，应当说还是一个非常值得称赞的年轻的有水平的先生。他那年仅有 22 岁，是刚从欧洲一次比赛中获得国际特级大师称号后来华的，是亚洲第一位男子国际特级大师。他不但棋艺超群，思路敏捷，而且风度翩翩，谦恭有礼，不论比赛胜负都不喜形于色。在复盘讲解的时候，十分耐心，十分平易近人，这样好的棋风、棋品、棋艺真是值得我国棋手学习。由于他为国家作出了这样的特殊贡献，深得菲律宾人民的喜爱，后来听说他的夫人都是总统马科斯夫人介绍的，他结婚的时候，总统夫人还亲自为他主持了婚礼。

这次比赛中国方面最为出色的是上海的戚惊萱，他那不畏强手的性格，扎实的基本功和机敏的判断力都发挥得淋漓尽致。唯有他敲开了托雷坚固的大门，并且还胜了他们三位国际大师，个人成绩是五胜一负：就是输给托雷一场，比托雷的个人成绩还要好。中国方面除了他以外，另外一位就是上海许洪顺逼和了托雷，也令客人们刮目相看。

由于我国棋手在菲队面前显示了较强的实力，虽然总比分为 25 比

35。虽然我国在国际象棋坛上尚无一席之地，但经验丰富的、卓有远见的坎伯马纳斯先生却毫不含糊地断言，中国当时参赛的棋手，最少有5个人够得上国际大师水平，并且在几次公开的宴会上强调：亚洲如果要超越世界的水平，必须依靠菲律宾和中国联合起来，携手前进。他的鼓励当然使我国增强了开展这项运动的信心和决心。但是他却没有料到，在改革开放路线的指引下，我国国际象棋运动水平的发展速度是惊人的，用外国朋友的话来说，我们用了10年就走完了外国百年的路。

与世界棋王尤伟战成平手

通常说："福无双至，祸不单行。"这话也不尽然，有时也会好事连连。1975年底，国际棋联主席（国际象棋国际联合会主席）前世界冠军荷兰的国际特级大师尤伟博士也来中国访问，他是为考察我国国际象棋的水平，专程前来访问的。他来华访问刚刚入境的时候，在广州巧遇访问我国即将归国的托雷先生。托雷告诉他菲队访问中国时比赛的情景，并说中国棋手相当厉害。特别指出，戚惊萱这次和他一胜一负。其他的菲律宾队员有5个人都输给戚惊萱了。尤伟博士听了以后半信半疑，中国有那么高水平的棋手吗？他带着这个疑问到了北京，国家体委副主任、体总副主席赵正洪在他下榻的北京饭店和他进行了会晤，感谢他对中国国际象棋事业的关怀，并表示了欢迎，而且宴请了他。尤伟先生是个工作狂，虽然已经年近七十，却根本不做休息调整，立即要求和中国棋手进行友谊比赛，按照他的要求，他希望第一场就是和中国接待菲律宾代表团的一些棋手进行车轮大战，实际上就是看一看我们的水平。我们按照他的意思，第一场就让他和刘文哲、李中健、张东禄、洪克敏四人进行了车轮大战。这场车轮大战说老实话他下得非常辛苦，下了几个小时，到了吃晚饭的时候，跟刘文哲、李中健两盘棋都下和了。对张东禄、洪克敏这两盘棋，他毫无优势可言，要多少差一点，后来因为要吃饭了，他晚上还有其他活动，所以都没下完。应当说这四局棋已经让他对中国棋手的水平有了初步的了解。

当然，他还是不太死心，一到上海他就要求与戚惊萱对弈。他不再要求下车轮战了，只是要求和戚惊萱对弈，还有就是看一看一些业余的上课和训练的活动。结果在上海锦江宾馆，他和戚惊萱两个人就下开了，一共下了两盘棋，这两盘棋一胜一负，他先输后赢，他输的那盘棋，戚惊萱还是下得相当出色的。胜的那盘棋，可以说尤伟博士也是费了很大力气的。这样的结果他非常高兴，赞扬戚惊萱的棋下得好。

尤伟主席回国以后，专门在杂志上发表文章，叙述了他这次到北京、上海访问的印象和感想。他评价中国国际象棋的总体水平当时应在世界 10 至 16 名，当然他这个评价太高了，我们是经过了几年的努力才达到的。并且也预言中国的棋手将来大有希望，必将成为世界国际象棋运动的劲旅。尤伟博士权威性的评论引起了世界棋坛的注意，也为我国的国际象棋运动"冲出亚洲，走向世界"拉开了可喜的序幕，发出了进军的号角。中国国际象棋队以后在世界上的优良表现，也令人信服地证明了尤伟先生的远见卓识。

创造世界吉尼斯纪录的叶江川

叶江川，1960 年生于山西太原，祖籍江苏无锡。国际象棋男子国际特级大师，现担任中国国际象棋国家队的总教练。他 1981 年首次参加全国国际象棋个人赛获得冠军，此后又获 1984、1986、1987、1989、1994、1996 年 6 届全国冠军，是我国获得全国男子冠军次数最多的棋手。叶江川还热衷于国际象棋的推广和普及，2000 年 12 月 31 日至 2001 年 1 月 1 日，举行了他以 1 对 1004 人的车轮大战，创下吉尼斯世界纪录。

千里马幸遇伯乐

叶江川出生在山西省太原市一个铁路干部家庭，父亲是江苏人，母亲是四川人，叶江川的名字由此而来。

父亲好下象棋，他七八岁时，父亲教会了他下棋。1975年，山西为了参加第三届全运会，委托太原市体委组织培训棋队。一天，象棋好手李子基带着15岁的叶江川来找国际象棋国家级大师、国际裁判，时任山西省棋队领队兼教练的王品璋，李子基说这个铁路中学的学生非常喜欢下棋，人老实聪明，让他看

叶江川

看有没有培养前途。当时王品璋正在物色棋类新手充实队伍，他们试了江川的棋力，简单考察了他对棋的理解和对局面的判断能力，决定让他每天下午放学后随队训练，主攻象棋。几个月后，教练组发现他学习很努力，人品又好，就和学校商量下午全部免课训练。当时在全国，棋类运动并不太受人们的重视。省棋队能够建立对于这些棋手和家长们来说都觉得机会难得，所以大家训练都非常刻苦。每天都要出早操，去学校学习，训练，晚自习，一天四训，大家都是全勤，江川则是更加努力的一个。他每天只顾埋头苦练，早上出完早操拿个馒头喝碗稀饭，骑车就往学校里跑。因学校较远，中午放学回来，食堂已是残汤剩饭，有啥吃啥，吃完了就往棋桌上一坐，不到吃晚饭不离开棋桌，晚饭后照常训练，一般都要在11点左右才睡觉。除此以外，体工队每周有两次两小时的身体训练，江川在体育上虽没有什么专长，但他耐力极好。凡有长距离的跑步训练他总要力争第一。而且他能听从教练的安排，教练怎么安排他都是非常认真地执行。后来由于得知1977年的两项象棋锦标赛

在太原举行，就加大了训练强度，一周五天训练改为七天训练，并从北京把刘文哲请来，辅导小将。在一次对局中，刘文哲屡战屡胜，江川每战必败，但他不服输，输了仍要求再下。不知刘文哲说了句什么，倔强的江川居然一面下一面流下眼泪。

王品璋

1977年全国两项象棋锦标赛期间，叶江川未能进入前六名，象棋建队的事成了泡影。这样他就面临一个升学和继续训练的问题，因为他已经17岁了。过了一个星期，他的父亲和他都来表达一个愿望，希望能在棋艺上继续展现他的才能。因象棋不建队，王品璋只好劝他改下国际象棋，他全家接受了王老的建议。江川改下国际象棋是很有难度的，第一，队内的黄正原和孙旗男都比他小两岁，但在全国少年中已是比较有名了。江川要想在队内争得一席之地，首先要在最短时间超过这些人才有可能。这一点江川心里是很清楚的，但他接受了挑战。他改行后，用功的劲头就更足了。那时队内的资料很少，他们到全国各地去训练，他走到哪就抄到哪。特别是在成都，他们住在成都棋艺俱乐部一个用三合板圈起来的小房间里，屋里非常冷，他因为一有空就抄资料，手脚都长了冻疮，但他不以为苦，仍然坚持抄写，这也反映了他自强不息的一面。

尽管付出是百倍的，但并不一定短期就有回报。1979年是山西队和叶江川的不幸之年。首先在国家集训队中，要选拔15人组队前往香港参加城市赛。他以优异的成绩打到第九名，但因为不是正式队员，没有能取得参赛资格。其次是5月，第四届全运会预赛选拔，山西国际象棋队在圈内一片看好的情况下未能入围。这两个打击应当是相当大的，

但他坚持勤学苦练。到了 1981 年春又经过一年多的奋战，幸运之神开始眷顾。

梅花香自苦寒来

首先，他取得了参加亚洲城市锦标赛的资格，和黄正原、陈德、梁金荣等代表在广州夺取冠军。到了 9 月，在温州举行的第十五届全国个人赛中，他第一次参加就获得了冠军，成为当时最年轻的全国冠军。11 月，被选入国家队参加在杭州举行的第四届亚洲团体赛，出任第四台，以五胜一和的战绩为中国队取得团体亚军作出了贡献。

叶江川参加车轮战

从此，这位山西小伙一发不可收拾，成绩一年好似一年，国内鲜有能与他匹敌的棋手。他是 20 世纪 80 年代和 90 年代，我国参加世界比赛和亚洲比赛的主力队员。从 1981 年开始一直到 1993 年的亚洲团体赛中，为我国获得四次亚洲冠军立下战功。第 25 届到第 31 届的 7 届奥林匹克团体赛中，为国家获第八、第五、第六名等好成绩作出了贡献。6 次参加世界冠军分区赛。1993 年获第 11 区分区赛冠军。1995 年度被批准为国际特级大师。1995 年获陈振南杯北京国际特级大师赛冠军。他 1986 年进入国家队后，是国家男帮女计划的忠实执行者。1988 年底任谢军教练，谢军数次夺冠和卫冕，是技术上的制定者和决策者。1993 年获国家体委颁发的教练员荣誉奖章。现任国家队总教练和国家国际象棋部主任、中国国际象棋协会副主席兼秘书长。

在整个 80 年代，他不仅个人成绩突出，还与队友合作，为中国队赢得了3届亚洲团体冠军，中国的国际象棋真正确立了在世界上的地位。在紧张的比赛训练之余，他还肩负起谢军教练的职责，帮助谢军四夺世界冠军，是幕后的大功臣。同时，他的棋艺境界也在不断提高，1993年他被国际棋联批准为男子国际特级大师，之后成绩斐然，1995年和1999年两次获得"陈振南杯"国际特级大师邀请赛冠军。他和世界上众多男子高手有过交锋，曾与卡斯帕罗夫、卡尔波夫战平，并战胜过瑞士科尔奇诺依和英国肖特两位世界亚军。

叶江川是个锲而不舍、永远追求完美的人。在荣誉面前他牢记"业精于勤"的古训，每年的国家集训队中他都是勤奋苦学的优等生。现在在他的办公桌上就常年摆着一副带有残棋式样的国际象棋，这一定是在为侯逸凡、赵雪、王玥分析已经下过的棋局，寻找最好的答案。当然，在前进的道路上他也遭遇到过很多失败。他个人从中国象棋转项到国际象棋就很能说明问题。他在与谢军共同作战中也遭受了磨难，1995年西班牙卫冕失利，就是一个典型事例。1993年在蒙特卡罗卫冕战中，谢军也输过一局棋，那一局棋并不影响大局，但那天晚上他彻夜未眠，一直在研究谢军输的那局棋。

一人对千人大战

2000年12月31日上午9时10分在山西太原开始了叶江川预计长达30多个小时的一人对千人世纪车轮大战。

赛场是一个回字型的方阵，200名棋手沿"字回"落座，外圈130人，内圈30人，负者下场后马上由胜者接替。叶江川顺时针步行穿行在回字方阵中，左右开弓与对手对弈，每下完一圈大约需要15分钟左右，这不仅是对脑力的挑战，更是对体力和耐力的挑战。

这次的车轮大战跨越两个世纪，在漫长的30多个小时的比赛中，叶江川不能睡觉，即使吃饭、上厕所也只能在5分钟内完成，累的时候可以轮椅代步。叶江川在连续作战3个多小时后一次出手不慎导致了他的第一盘失利，获胜的是太原市杏花岭小学五年级的任海，只在校学棋1年，没有任何国际象棋的级别。在下到第六步棋时，叶江川摸错了子，按规则就主动与小任海握手认输。

2000年12月31日晚上22点左右，叶江川已下了600多盘棋，他显得有点累，走到一个桌子旁，会情不自禁地手趴在桌上当支点。下到14小时30分时，下到718盘。现场考虑到叶江川的劳累，那个"回"字是特意搭起来的，比叶江川的通道高一层，这样，叶江川就不用弯腰看棋。

叶江川在对弈中

至新世纪零点，叶江川已下到721盘棋，人感到非常累，腿走起来觉得沉重，迈步感觉不太方便了。英国棋王肖特与夫人也赶到了现场，他被现场那么多棋手同在的热烈气氛感动了。而现场上所有棋手与叶江川都在一张特制的大棋盘上为北京申办2008年奥运会签名，并立即送往北京。至凌晨两点多时，叶江川已下了17个小时，下到近800盘棋，胜率较高，离印尼人的吉尼斯纪录只有一点点差距了。

到2001年1月1日13时45分，叶江川完成了国际象棋史上最壮观、也是最艰苦的一次比赛。据山西省国际象棋协会安艳凤提供的吉尼斯原件证书记载，此为"规模最大的国际象棋车轮大战"；对弈棋手：1对1004；胜率：90.7%；叶江川历时28小时33分。而叶江川之前的国际象棋车轮大战纪录是由印尼特级大师阿迪安托在1999年11月创造的，耗时29小时同852人对阵，其中获胜704盘，和137盘，负11盘，胜率达到82.6%。

中国第一位国际特级大师叶荣光

叶荣光，1963 年生于浙江温州。他在中国国际象棋历史上有着光辉的一页，与中国国际象棋国家队总教练叶江川被并称为"二叶"。27 岁时，他成为中国第一位国际象棋特级大师。他是国际象棋女子世锦赛冠军诸宸前教练。2010 年又开始出任中国国际跳棋国家队总教练。

一路辉煌走来

叶荣光

5 岁迷上了中国象棋，后受陈力行启蒙，11 岁时进入温州市少年宫学习国际象棋，由黄希文执教。1974 年入选浙江省代表队，同年获温州市国际象棋少年冠军。

1985 年、1989 年世界杯及 1988 年、1990 年、1992 年第 28－30 届国际象棋奥林匹克团体赛，获得前 6 名的主力；

1987 年、1989 年、1991 年中国队三届亚洲团体冠军的主力；

1988 年、1991 年和 1992 年，曾被评为浙江省男子最佳运动员、浙江省"十佳"运动员，中国国际象棋最佳男棋手及温州市"十优"青年之首；

1988 年 11 月，在南斯拉夫世界杯国际象棋预赛中，取得了特级大师的第一个等级分；

1989 年获国际象棋国际大师称号；

1990 年全国国际象棋个人冠军；

1990 年 3 月，在马来西亚世界国际象棋锦标赛分区赛上，取得参加世界锦标赛区际赛的资格并取得了国际特级大师的第二个等级分；

1990 亚洲国际象棋个人冠军；

1990 年 5 月 24 日，国际象棋国际棋联正式授予"国际象棋国际特级大师"称号，从而成为中国第一位男子国际象棋国际特级大师；

1991 年 4 月，菲利宾描戈津市首届国际特级大师名手赛冠军；

1993 年 4 月和 1994 年 7 月分获首届"龙潭杯"和首届"万博杯"国际象棋中国 6 强赛冠军

1993 年 12 月获"李成智杯"北京国际公开赛冠军；

1996 年 8 月获安多卫普第四届"迷失的男孩"大型国际公开赛冠军；

1996 年荷兰海牙国际公开赛快棋冠军；

1997 年 7 月荷兰迪冷国际公开赛冠军；

叶荣光在车轮战中

1997 年 8 月获安多卫普第五届"迷失的男孩"高级别特级大师赛季军。

取得国际特级大师称号之路

1988 年 11 月在南斯拉夫举行的世界杯国际象棋预赛中他同八名国际特级大师和 1 名国际大师对弈，取得胜 4 平 1 负积 6 分的好成绩，得胜率为 66.6%，取得了第一个国际特级大师等级分。

1990 年 3 月在马来西亚举行的世界国际象棋锦标赛分区赛上，再露锋芒，以 7 胜 7 和 1 负的成绩夺得冠军，取得了参加世界锦标赛区际赛的资格。此次比赛他的得分率达 70%，取得了国际特级大师第二个等级分。

1990 年 5 月 24 日国际棋联正式授予他为国际特级大师称号。

通过摄影作贡献

1996 年，抱着多一些参赛机会的目的，叶荣光来到了荷兰，并从此在国外主要以下棋为生。在荷兰，他的中国象棋水平可力拔头筹。为此，已在荷兰取得绿卡的叶荣光也就有了代表荷兰参加中国象棋国际赛事的想法。叶荣光坦言："我参加中国象棋比赛，并没有想拿什么名次，只是想回来看看，见一见老朋友。"1999 年他代表荷兰参加第六届世界

摄影展开幕式上叶江川、谢军来捧场

象棋锦标赛，且成绩不俗。后来，他专攻摄影，并出任荷兰华人摄影协会副主席。2005 年代表温州法派队参加中国国际象棋甲级联赛。2008 年在中国温州举办个人摄影展。

叶荣光在 20 世纪 80 年代就开始了业余摄影活动，下棋的过程中，他将不为别人所发现的精彩真实地记录了下来。过去，他的活动以棋为主，近年来则以摄影为主。当他精选出作品中的精品时，温州方面为他组织了一场摄影展。开幕式当天，包括谢军、叶江川以及各方面的嘉宾云集，他的父母也到现场为儿子捧场。看到这一幕，叶荣光说，激动的心情就如同当年拿到特级大师称号。

在叶荣光众多的摄影作品中，有一幅名为《老聂犯难了》的照片非常珍贵，照片上，年轻的围棋棋圣聂卫平坐在小小年纪的诸宸面前，两人在下国际象棋，老聂被诸宸难住了，手抓头发不知如何出招。

这张作品拍摄于 1989 年，北京回龙观，国际象棋国家集训队驻地，中国棋院院长陈祖德与聂卫平来到这里，看到天真可爱的诸宸正在摆棋，聂卫平突然提出跟这个小女孩下盘国际象棋，于是两人坐在棋盘前，陈祖德风趣地说：我来当这次"世界冠亚军比赛"的裁判。聂卫平当时刚获得首届应氏杯赛亚军，而诸宸则在前一年夺得 12 岁组女子世界冠军，比赛冠以世界冠亚军之争丝毫不为过。

懂事的诸宸主动挑选黑棋后走，把先行权让给了聂卫平。尽管聂卫平下得非常认真，但经过 20 多个回合，他不得不向诸宸认输。陈祖德宣布，世界冠军诸宸获胜。

由于当时没有记者在场，叶荣光就用相机拍摄了这难得的一场"性别大战"。

看到昔日并肩作战的队友用手中的相机记录了过去的难忘岁月，叶江川很有感慨："荣光是个特别有韧劲的棋手，过去我和他经常在比赛中比肩而坐。自我们'二叶'之后好像再也没出现过姓叶的国际象棋高手。现在他虽然不下棋了，能通过摄影的形式推广国际象棋也是对国际象棋的一种贡献。"

从国象到国跳的教练生涯

叶荣光是国际象棋棋后诸宸昔日在国家队的早期教练。诸宸获得国际象棋世界少年赛 12 岁组女子冠军，女子世界青年冠军，以及女子世界冠军，都有叶荣光的执教之功。

同为温州人，虽然叶荣光的知名度不及弟子诸宸。但这位绰号为"猫师傅"的高手当年曾向小诸宸传授了不少"猫招"。

1984 年，叶荣光回温州探亲，被教练黄希文安排在少年宫与 9 个小棋手下车轮大战，8 岁的诸宸是这场车轮大战中第一个输下来的，但她的韧劲和专注给叶荣光留下深刻印象。车轮大战结束后，他跟诸宸说：你的棋下得挺不错。第二年，叶荣光回温州，诸宸的妈妈拿一些诸

宸的对局让他看，他不仅认真看，还步行 20 多分钟主动到诸宸家中做辅导。他妈妈曾笑话他：你这种老师少见，竟然主动到学生家中教棋。

1988 年，诸宸入选国家集训队后，叶荣光主动承担起训练诸宸的任务，每逢大赛，他更是将自己的"绝招"毫无保留地传给诸宸。诸宸的进步越来越大，1994 年，诸宸拿到了亚洲青年冠军和世界青年冠军后，队友们跟叶荣光说，你的学生拿冠军了，你应该请客。

虽然叶荣光后来不再带诸宸，但他在诸宸的成长过程中还是做出了不小的贡献。

2010 年他又开始担任中国国际跳棋国家队主教练。2009 年，中国国际跳棋国家集训队和协会相继成立。因为国内的很多国际跳棋选手，都是由国际象棋选手转过来的，因而在国家队总教练的人选上，有关方面选中了身为中国

叶荣光在授课

首位国际象棋男子特级大师的叶荣光。一开始，旅居荷兰的叶荣光对能否兼顾这项工作有些顾虑，不过在相关领导的再三鼓励下，叶荣光终于接受了邀请。并于 2010 年 3 月初正式以主教练的身份，带领国家队队员参加了在伊春举行的中俄蒙三国国际跳棋邀请赛。

世界最年轻的国际特级大师——卜祥志

卜祥志，生于 1985 年，山东青岛人。12 岁获得中国少年冠军，13 岁获得国际象棋世界分龄组冠军。14 岁前成为世界最年轻的男子国际

象棋国际特级大师。2002 年 4 月等级分突破 2600 分大关，以 2601 分的成绩排在第 95 位，跻身世界百强棋手行列。2008 年首届智运会为中国代表团摘得一枚金牌，成为中国男子国际象棋选手获得的首个世界冠军。

我国第一个男子少年世界冠军

卜祥志 6 岁时在青岛实验小学开始学国际象棋，师从国内著名国际象棋教练纪蕴奇。他 1993 年开始走进赛场，就获得青岛市小学生比赛的冠军，第二年又赢得全国夏令营比赛冠军。1995 年，他参加全国小学生比赛，获得亚军。1996 年和 1997 年，他参加全国少儿国际象棋分龄赛，先后获得 12 岁组的亚军和冠军。

卜祥志

1997 年 6 月参加我国首届国际象棋冠军赛快棋赛，获得第三名；12 月参加在法国戛纳举行的国际象棋世界少年儿童分龄组冠军赛，获得 12 岁组第四名。次年，卜祥志获全国 14 岁组国际象棋快棋赛冠军。

1998 年 11 月，卜祥志赴西班牙参加世界青年国际象棋节暨国际象棋世界少年儿童分龄组冠军赛，以 7 胜 4 和的不败战绩夺得男子 14 岁组冠军，成为我国第一个赢得男子少年世界冠军称号的棋手。

世界上最年轻的国际特级大师

1999 年是卜祥志驰骋国际棋坛，不断赢得佳绩的一年。他 2 月在缅甸国际特级大师邀请赛上赢得第一个国际大师序分，5 月在瑞士国际特级大师赛上再度获得国际大师序分，从而成为我国年龄最小的国际象棋国际大师。他 7 月在沈阳国际特级大师赛上爆冷，分别战胜了前世界青年冠军、以色列的特级大师苏托夫斯基和特级大师章钟以及女子特级大师诸宸，并获得第三个国际大师序分。8 月，他参加波兰特级大师赛，不仅获得第四个国际大师序分，而且把参赛的近一半特级大师抛在自己的身后，其中包括 3 名积分在 2600 分以上的国际特级大师。1999年 10 月 19 日至 25 日在青岛举行的青岛日报杯国际象棋特级大师赛上，卜祥志获得第三个国际特级大师序分，于 1999 年 10 月 23 日 13 岁 10 个月零 3 天成为世界上最年轻的国际特级大师。

举起"未来世界冠军"金杯

2000 年 3 月 19 日黄昏，以色列卡斯帕罗夫国际象棋俱乐部的会议厅里，来自中国青岛的国际特级大师、年仅 14 岁的小将卜祥志兴高采烈地举起了"未来世界冠军"的金杯，在他一旁的对手、阿塞拜疆国际大师泰莫·瑞德加波夫

卜祥志接受外媒采访

则垂首不语。原来就在几十分钟前，卜祥志和泰莫的八番棋决战宣告结束。17 日已经以 4.5 比 1.5 的比分稳获冠军的卜祥志在最后两盘棋中乘胜追击，干净利落地击败了泰莫，让这位集欧洲 18 岁以下组冠军、世界 12 岁组冠军和 4 次欧洲青少年赛冠军等桂冠于一身的阿塞拜疆小将一直没有喘息之机。

以色列棋界知名人士对卜祥志的棋艺表示了由衷的赞赏。"卜志祥是我见过的算度最精确、直觉最好的天才棋手，"比赛组织者、卡斯帕罗夫网站的经理布辛斯基评价说，"如果他从事我的本行——数学，他很有可能将成为数学家。"

　　为了证明这一点，布辛斯基给刚刚领到奖杯的卜祥志在黑板上即兴出了一道趣味应用题，4只蜗牛在四边均为1米的正方形中相互追赶，它们根据所追对象的方向变化不断调整自己的行进路线，问它们最终相遇的时候共爬出了多长的距离。这显然是一道相当复杂的题目，但小卜略加思索就得出了正确答案。

　　布辛斯基两眼放光地说："你看见没有，我指的就是这点。也许他并没有严格的数学公式，但他能根据复杂的形势，用最简便的方法得到答案，这是一个超级棋手需要的素质。"这位电脑工程师兼业余棋手半开玩笑半当真地说，他希望卜祥志以后能够到以色列来与他一起工作，开发代号为"小深蓝"的国际象棋超级电脑。

　　本次比赛组织者给卜祥志指派的临时教练、国际特级大师阿隆·格林菲尔德则对记者说，世界冠军卡斯帕罗夫当年一役成名时是15岁，但卜祥志14岁已经是世界上最年轻的国际象棋特级大师，应该说起步非常不错，具有相当大的潜质。

　　格林菲尔德谦虚地说，他和卜祥志的国际象棋等级分本来就相差无几，再加上语言的原因，他对小卜的帮助并不大，卜祥志取得胜利几乎完全依靠自己的力量。对此，年少懂事的卜祥志则补充说，格林菲尔德在关键的第三局前关于开局变招的指点是十分精妙的。

　　格林菲尔德也强调，他认为小卜的棋艺并没有完全成熟，还存在一定的缺点，比如在韧劲和连贯性上就略有欠缺，其开局也常常处于下风。他希望卜祥志能够不满足现有的成绩，排除年少成名可能带来的干扰，经过数年的苦练成为严格意义上的世界冠军挑战者。

　　而刚刚度过13岁生日的泰莫则小孩气十足地对失利耿耿于怀，不断地向记者提起，他曾经在不久前的世界国际象棋"神童"互联网大赛的两番棋决战中赢过卜祥志，并说此次失利是因为自"神童"赛后他连续两个月投入学习，没有精力练棋而导致的，而且比赛中好几盘他的开局比小卜的要好。泰莫表示，他感兴趣的并不是什么"未来世界冠军"，而是"真正的世界冠军"。他希望将来和卜祥志在"真正的世界冠军"赛场上相逢。他还说，他输得并不服气，希望还有机会与卜祥志再战一次。

中国男子棋手获得的首个世界冠军

2008 年 10 月 8 日，首届智运会国际象棋个人快棋赛决赛男子组决赛，中国棋手卜祥志在决赛中以 1 胜 1 和的战绩战胜乌克兰棋手克洛波夫，为中国代表团摘得一枚金牌，同时这个冠军也是中国男子棋手获得的首个世界冠军。

卜祥志在领奖台上

2008 年 10 月 7 日卜祥志晋级决赛的路途可谓布满艰辛，小组赛前 6 轮仅仅获得 2 胜 2 和 2 负的糟糕战绩，特别是德比战不敌队友周健超，一度让他打进前四的希望变得极其渺茫。然而在小组赛最后 2 轮比赛中，卜祥志连续战胜印度选手和队友王皓，踩着王皓的肩膀最后时刻晋级四强，充满了戏剧色彩。

下午卜祥志也是通过"突然死亡"战胜新加坡棋手章钟，从而获得了决赛权，曲折的晋级之路让卜祥志更平静地面对金牌争夺的压力。决赛首盘棋，执白先行的卜祥志布局准备非常充分，很快取得多兵优势，正如赛后卜祥志自己所说，放下了所有的包袱，这让比赛进行得更轻松，结果卜祥志的从容给了对手很大压力，克洛波夫白送一子之后，卜祥志速胜抢得先机。

第二盘棋卜祥志执黑，该局卜祥志依然占据着明显的优势，中盘过后对手败像已呈，此时克洛波夫主动向卜祥志提出和棋，卜祥志考虑在结果已定的情况下接受了这一要求，从而顺利获得了这块得来不易的金牌。这块金牌使中国国际象棋队首次登上世界最高领奖台。

第一位女子世界冠军维拉·明契克

国际象棋历史悠久，走过了一批巾帼女杰，她们中有传说中的巴比伦皇后卡菲丽娜·德曼迪希斯、英国女王伊丽莎白一世、俄国女皇凯瑟琳、法国著名女作家乔治·桑。但正式记录在案并以男子作为对手的第一位女杰则是维拉·明契克。

维拉·明契克（1906 – 1944）。生于莫斯科。女子国际象棋运动的先驱，棋史上第一位女子世界冠军获得者。她 38 岁时在德军的突袭中遇难，国际棋联为了纪念她，将女子奥林匹克赛冠军奖杯命名为"维拉·明契克流动奖杯"。

巾帼不让须眉

维拉·明契克的父亲是捷克人，母亲是英国人。她 9 岁开始学棋，由父亲教会如何走子。她自小喜爱读书、绘画、戏剧，但对国际象棋的兴趣逐步超过了其他爱好。15 岁那年，全家迁居英国，而她无论是外表还是性格都更像俄罗斯人。她为人和善，温文尔雅，以至于当地报纸还常常称她为"俄国姑娘"。

明契克迁居的英国名城黑斯廷斯，是一个具有悠久国际象棋传统的城市。那里的棋风很盛，明契克就是在学校里学会下棋的。一次，著名的特级大师马罗茨来校作车轮表演。不知是"谦让"，还是疏忽，他竟被学棋不到两载的明契克击败。从此，明契克名声大噪，而马罗茨也成了她棋途上的引路人。

明契克开始了她的国际象棋生涯，但作为一个外籍棋手，她不能参加英国女子冠军赛，这使明契克深感痛苦和遗憾。不过，明契克不甘才华被埋没，在家人和恩师的鼓励下，以其特有的坚定和果敢，挥戈参加了1923年底至1924年初的黑斯廷斯男子名手赛。

等待明契克的是一场艰苦卓绝的战斗。参赛的其他9名男棋手个个身手不凡，和他们相比，明契克显得太"嫩"了。但明契克没有因此而胆怯，她鼓足勇气，顽强奋战，最后获得并列第7的成绩。

初展英姿，鼓舞了明契克的信心，旋即胜利女神就成为常客了。她与男子棋手共弈过174盘对局，得分率接近40%。输给她的男棋手人数很多，在威尼斯大师贝克的倡议下，名叫"维拉·明契克"的国际象棋俱乐部成立了，其成员都是曾败于她的男子大师，他们中就有英名远播的第五位男子世界棋王尤伟。

摘取女子国际象棋第一顶桂冠

由于明契克在须眉群中磨刀霍霍，她在女性世界便游刃有余了。1927年在英国伦敦举行的首届国际象棋女子世界冠军赛中，代表前苏联出战的维拉·明契克在7个国家的12位女棋手中，她在整个赛程共下了83局棋，其中胜78局，仅仅输了一局，最终以绝对优势10胜1和的战绩赢得了单循环的第一并荣获首位女子国际象棋世界冠军，树立起了女子国际象棋运动发展的一个里程碑。

此后从1930年至1939年，维拉·明契克又分别五次代表捷克斯洛伐克和一次代表英国共六次蝉联世界冠军头衔。她能代表英国出战，是因为在1937年她与英国国际象棋协会秘书长斯蒂文森结婚后加入了英国国籍。据统计，在上述比赛中，她共弈过83盘对局，战绩为78胜4和，仅负1局。她将棋后头衔一直保持到1944年她在伦敦大轰炸中罹难。

明契克在实战之余，还时常给各种棋刊投寄对局评注。她的一些颇具见地的国际象棋论文，得到棋坛巨擘阿列亨的好评。

在德军的突袭中遇难

1944 年 6 月 26 日，伦敦遭遇了德国法西斯的大轰炸，一枚炸弹击中了维拉·明契克在肯特郡的房子，不幸遇难，年仅 38 岁。

为永久纪念这位杰出的国际象棋女性，国际棋联决定自 1957 年开始增设女子奥林匹克赛，冠军奖杯被命名为"维拉·明契克流动奖杯"，授予全世界表现最佳的冠军女队。

亚洲第一个女子国际特级大师刘适兰

中国国际象棋运动发展到 20 世纪 70 年代后，大家开始把注意力转向女选手。各地的训练班中，女性学员逐渐增多。经过两三年的培训，有一些姑娘开始崭露头角。在 1976 年的杭州邀请赛中就可以看出一些眉目，1977 年的太原全国赛中，女选手就多起来，到了 1978 年举办全国少年赛男女分组进行，一些女选手表现出色。刘适兰、吴敏茜、赵兰、安艳凤、吴晓莹、陈代倩等都让棋界同行看到了希望。而其中最出色的，以后为国家作出贡献最大的首先是刘适兰。

刘适兰生活照

刘适兰，1962 年生于四川成都。我国第一批步入国际象棋殿堂的女棋手，1982 年获得"女子国际象棋国际特级大师"称号，这是亚洲第一个女子特级大师。1978 年的中国少年棋赛，这在全国是首次设立女子国际象棋项目，刘适兰夺冠，随后多次全国夺冠，共计九次获全国冠军。现任深圳棋院国际象棋总教练。

九获全国冠军

刘适兰

刘适兰出生在一个普遍教师家庭，家中共有 6 个女儿，她排第五，在家中并不受宠爱。12 岁那年，这个生性腼腆、内向的姑娘却一下迷上了国际象棋，并异常刻苦、勤奋地钻研。

刘适兰笃信这样一句格言："勤奋可以弥补天资的不足，而天资永远弥补不了懒惰的缺陷。"刘适兰每每很早就起床"打早谱"，而且常常如此。春节，姐妹们邀约逛公园，走亲戚，刘适兰却要求妈妈把自己锁在家里，研究各国高手的棋谱。1976 年，川北大地震波及成都。许多人搭棚住在外面，以防不测。刘适兰却和教练曾子林稳坐棋校楼上，面对"战火纷飞"的棋盘，杀得难解难分。

刘适兰 1974 年开始进成都青少年棋校学习，师承曾子林。1978 年就获得全国少年冠军，同年入选省队。次年，在全国第四届运动会上，她获得成年组金牌，此后又 8 次获得全国冠军。

荣膺国际特级大师称号

1979 年，刘适兰作为中国首批登上国际棋坛的女子国际象棋选手。在前南斯拉夫普拉国际象棋邀请赛中，她同另一选手合作获得了女子团体冠军。紧接着在法国耶尔，她弈和了苏联特级大师法塔利贝娃，战胜了南斯拉夫特级大师斯塔德莱，获得第三名。1980 年，在第 14 届国际象棋奥林匹克赛中，她作为中国女队第一台，和同伴一道战平了多次蝉联世界冠军的前苏联队。这个外表清秀，性格温顺的中国姑娘以勇猛果敢的棋风震动了欧洲棋坛，人们开始对亚洲女子棋坛刮目相看。这年年底，她成为中国第一个女子国际大师。但她并未满足，立志要进入特级大师行列。1981 年，在菲律宾举行的世界女子国际象棋分区赛（10 区）中，刘适兰全胜夺魁。次年在前苏联举行的区际赛中，她又以 7 胜 4 和 3 负的成绩获第三名，取得了参加世界女子国际象棋 8 强决战的资格并荣膺国际特级大师称号。

刘适兰以出色的战绩，于 1982 年被评为全国"十佳"运动员。此后又被评为中华人民共和国成立 35 年来最杰出的运动员之一。对于这样一个多次为国争光、多次获得各种荣誉的人，称其为"一代天骄"一点也不过分。

作为运动员内心很自卑

刘适兰说，当时，做一个运动员应该很有优越感吧？吃的标准很高，伙食费比一般人的工资都高。接触的人也有很多很优秀的，留下了很深刻的印象。比如，由于她当时是全国最年轻的政协委员，所以有机会接触到团中央的一些领导。

刘适兰讲棋

不过，作为运动员，在内心，其实很自卑，社会上不是说吗？运动员都是"四肢发达，头脑简单"。所以很多时候，并不认为自己有什么了不起的。每天的生活也很单调，除了训练、跑步，业余时间就看小说，很多文学期刊都找来看。琼瑶的小说全部都看完了。

刘适兰喜欢文学，后来上大学，学的也是这个，然后大学毕业又回到国家队，再后来就到了深圳。如果留在北京的中国棋院，现在已经是领导了吧？刘说："也许是国际象棋部的副主任吧？不过，我的兴趣还是在教练上，我不喜欢去处理人际关系。"

培桃育李

1992 年，刘适兰来深圳，现在家在深圳，安居乐业。说到对深圳的感受，刘适兰说，如果不来这里而留在北京，大概接触的人会不大一样，但是生活肯定没有在深圳好。

刘适兰参加车轮战

她说现在深圳的"国象"形势非常好。"我刚刚来深圳的时候，下国际象棋的，也就几十人吧？现在差不多有近两万孩子在学习国际象棋了。这在全国都少见。"

刘适兰说："深圳的孩子很多都是预备要到国外去读书的，国际象棋可以作为他们今后跟外国人交际的一种工具，另外，在不少大学，学国际象棋是可以争取到奖学金的，如果你学得好的话。"其实就算是不打算出国，学学国际象棋也大有好处。"国际象棋下得好的，考大学没有问题。清华大学近年特别喜欢招国际象棋成绩优异的学生。

刘适兰现在忙于国际象棋在深圳的普及工作，她脑袋里装的都是怎么推广国际象棋，怎么多搞些比赛。"如果能够出一个世界冠军，哪怕是青少年冠军，这辈子就算是没有白活了。"

开创了世界国际象棋新纪元的谢军

谢军，1970 年出生，吉林辽源人。国际象棋女子国际特级大师，教育学博士后，心理学博士。1993 年她又成为中国乃至亚洲第一位获男子国际特级大师称号的女运动员。她在 1991、1993、1999、2000 年四次获得女子国际象棋世界冠军。她彪炳国际象棋史册的一页写于 1991 年秋，在菲律宾首都马尼拉与格鲁吉亚棋手齐布尔达尼泽的决赛中获胜，成为中国第一个女子国际象棋世界冠军，也是国际象棋史上第一位欧洲以外的国际象棋女子世界冠军。结束了欧洲选手对该棋赛冠军长达 64 年、前苏联选手对该棋赛冠军长达 42 年的垄断，开创了世界国际象棋新纪元。

谢军

从中国象棋到国际象棋

20 世纪 70 年代中期，北京酒仙桥地区有一片电子工厂区，谢军的童年就是在这里度过的。

6 岁的时候，身为棋迷的父亲谢云阁带着孩子到商场买了一副中国象棋，从此，父亲开始教谢军下中国象棋。不久，父亲和街坊相继成为小谢军的手下败将，谢军的"威名"慢慢地在酒仙桥一带传开了。

北京棋院的领导听说酒仙桥出了个"象棋神童"就委派家住附近

的棋协委员李国玉前往寻找。李国玉花了十几天工夫，发现谢军的母亲竟然是与自己同属一个单位的工程师。

曾得过北京市冠军的李国玉自然成为谢军新的导师和对手。每个星期天，谢军都会到她家下棋，不赢棋不回家。起初，李国玉为了不耽误孩子吃饭故意输给谢军。没多久，李国玉即使不让棋也很难赢下这个小丫头。

谢军与聂卫平下象棋

那一年，谢军走出酒仙桥。也许是天赋，也许是李国玉的指点起了作用，10岁的谢军首次参加正式比赛中就夺得了北京市儿童组中国象棋冠军。自此，她离开家住进了北京棋院，开始了集体生活。

但谢军的脱颖而出随即在北京棋社引发了一场"争夺战"。国际象棋的教练认为谢军是下国际象棋的好苗子，应该让她改下国际象棋，而中国象棋的教练哪里肯放过这样一个难得的少年英雄。

最终的决定是，谢军改学国际象棋，并历十年之艰辛登上国际棋坛的最高领奖台。

母爱是一种无形的力量

当时北京棋院希望谢军走专业运动员的道路，这条路意味着她不能像同龄孩子一样全身心地投入到学习上。

谢军的母亲徐素坤当年曾以吉林高考状元的身份考进清华大学。望女成凤的母亲怎么也不会让学习成绩优异的女儿把学习当"副业"。更何况，当时全北京会下国际象棋的人也不超过百个。

"我想下棋。妈妈，我答应你今后一定会上大学。像个大人一样，我说出了自己的想法。母亲静静地看着我，"谢军说，直到今天自己都能回想起那一刻怦怦心跳的感觉。"闻言，母亲没说什么，只是又静静地看着我好大一会儿，然后长舒了口气站起身开门，母女间的谈话就这样结束了。"谢军的棋手生涯就是从母亲转身的背影中正式开始的。

这次谈话之后的 30 年时间里，谢军一直用自己的努力兑现着童年的承诺，答应"上大学"的她不仅摘取国际象棋王后的桂冠，而且在母亲更为看重的学业方面取得的成就更是令其欣慰。

"在所有职业当中，运动员这碗饭恐怕算得上最不容易吃的。细想，每一个前行的脚步中

谢军参与慈善公益事业

都饱含着母亲的牵挂、信任和支持。不管前行的路上品尝到的是哪种滋味，我知道自己从来不会孤单。"在谢军的心目中，母亲是生命中最亲密的人，也是一直崇拜的一个人。

"母亲的身体一直不太好，有几年甚至不得不休假在家吃劳保。那时候家家户户的日子都过得不宽裕，像我们这样的家庭，日子过得更是捉襟见肘。她一直教我冷静地面对荣辱胜负，"让谢军印象最深的1991年夺冠凯旋时母亲在机场向道喜朋友的托付。第一次夺得世界冠军的谢军在首都机场受到了英雄般的礼遇，北京市领导和国家体委的领导和众多媒体记者涌至机场接机。记者在现场采访谢军母亲的时候，母亲并没有讲女儿刻苦训练、迎难而上、为国争光等的光荣历史和成长历程，而是拜托记者多帮女儿多提意见，"她就是普通人家的孩子，一下子捧得这么高，她可能还不适应。"

母亲就是这样点滴之间影响着谢军，要自强不息，要厚德载物，要努力，要善待周围的人和事，"母爱是一种无形的力量。有母亲在身边，

日子过得很幸福，前行的脚步才心安。"

十年中四次夺冠的传奇

1991 年 10 月 29 日，在菲律宾首都马尼拉与保持世界冠军头衔达 13 年之久的格鲁吉亚棋手齐布尔达尼泽的比赛中，以 4 胜 2 负 9 和积 8.5 分的总成绩获胜，成为中国第一个女子国际象棋世界冠军，也是国际象棋史上第一位欧洲以外的国际象棋女子世界冠军。

谢军击败齐布尔达尼泽

第二天，菲律宾的一家报纸整版印刷着"生日快乐"字样祝福新科棋后，这一天是她 21 周岁生日。

有评论认为，谢军的出现彻底颠覆了中国体育在世界上的面貌。她填补的不仅仅是中国人在一个体育项目上的冠军空白，而且是这个国家的人们的某种精神空白。

确实，一个年轻的选手在连闯分区赛、区际赛、候选人循环赛和挑战者赛四关，并在最终的冠军争夺战中胜出是一件很不容易的事，需要勇气、信心，也需要天赋，"一个人只要智力正常，从事某个项目都能达到一定水平。但是，要到最尖端的一块，肯定需要天赋。很多人也很努力，但是最后一层窗户纸没捅破。因此，不能否认天赋的存在。但是，主要还是勤奋，是坚韧的性格。"

1993 年，谢军以 8.5：2.5 的绝对优势击退了格鲁吉亚选手的挑战成功卫冕。1996 年，谢军面对匈牙利天才少女苏珊·波尔加的挑战，以 2 胜 5 和 6 败的总成绩卫冕失利，"卫冕失败后的 4 个月内，我不愿意看棋，好像自己是一个罪人。"当时，一个上海作家给谢军写信，信中说：回头看，所有曾经的挫折都是生活的宝贵财富，关键看你如何面对，与挫折抗争的过程也是人一生最美丽的经历……

"经过了很长时间，应该说逃避也是一种解压的方式，现在回头想想，确实耗费了很多时间。当时我只有 26 岁，很坦率地讲，已经算不上是年轻选手了。逃离开一段时间以后我觉得我还想下棋，觉得这个冠军丢得不服气，重新整装上路，"谢军说，1996 年是她的人生经历当中对生活感悟最深的一年。

其实，谢军在那段"逃避"的时间里并没有闲着，她夜以继日的在学校补课，"经历了那一年的挫折之后，我就变得坚强了很多，也变得成熟了很多。"

1999 年当谢军离梦想越来越近的时候，拒绝参赛的对手被国际棋联取消了世界冠军头衔，改由谢军与俄罗斯选手加里亚莫娃争冠，结果谢军 5 胜 7 和 3 负夺冠。这是世界冠军赛挑战赛赛制所产生的最后一个冠军，谢军也因此成为了该项赛事的"末代棋后"。

2000 年，国际棋联实行新的赛制改革，谢军如愿夺冠。这是她最后一次参加世界冠军个人赛。领奖台上的谢军向台下的人群挥手，带着胜利者的微笑！

国际棋联主席依柳姆诺夫对谢军的夺冠给予了高度的评价："事实证明，无论传统赛制还是淘汰赛制，最强者都将赢得比赛。"对于谢军本人来说，这一切已经都不重要，只是状态稳定地下完一场比赛。

她用一个圆满的句号为女子国际象棋界属于谢军的十年作结。十年间，有坎坷，有低迷，有徘徊，更有坚持；十年间，她数次摘取顶级赛事的王冠并获得男子国际特级大师的世界最高头衔；十年间，她在赛场上的每一次现身都让对手倍加斗志昂扬，但都难破其不败金身。

"拿到 2000 年的那个冠军是对自己的一个交待，如果拿不到我肯定还会下。拿到新赛制的第一个冠军，该证明的都证明过了，对我已经没有新鲜的东西，思想上已经是转轨的感觉。"

在三个年龄段封后的第一人——诸宸

诸　　宸

诸宸，1976 年出生，浙江温州人，后加入卡塔尔籍。国际象棋国际女子特级大师和男子特级大师双料称号获得者。1988 年获得"儿童与和平"国际象棋世界少年赛 12 岁组女子冠军，成为了中国国际象棋历史上第一个世界冠军。1994 年、1996 年两度获女子世界青年冠军，并创造 13 局得 12 分的最高胜率记录。2001 年获得女子世界冠军，是继谢军之后的中国第二位国际象棋世界冠军。她是世界上第一个在少年、青年、成年赛事上都获得世界冠军的棋手。

"火"一样的青春

诸宸的父亲是工程师，母亲是中学教师。受家庭熏陶，诸宸从小就爱好广泛，琴棋书画样样在行。她曾在温州市得过小学生书法、作文、乐理知识的大奖。在幼儿园时，她的三幅画就参加了温州市少年儿童画展，并受到行家的好评。她还爱好运动，曾经当过市小学的女子足球队队长。

8 岁时，诸宸开始从师黄希文学习国际象棋，后来又得到名师叶荣光、徐俊等的指点，棋艺进步很快。引起棋坛注目。12 岁，诸宸参加在罗马尼亚蒂米什瓦拉城举行的国际象棋世界锦标赛，夺得 12 岁组女子冠军，同时获得国际棋联授予的大师称号。14 岁，诸宸荣获全国女子乙组冠军。16 岁，她获得全国女子甲组冠军。

18 岁这一年，诸宸"火"了一整年。春天，在北京夺得全国个人赛女子冠军；夏天，去马来西亚取得亚洲青年女子冠军；秋天，赴巴西捧回世界青年女子冠军的奖怀，并晋升为女子国际特级大师；冬天，在奥林匹克赛场上为中国女队保住铜牌立下汗马功劳。

奏响中国国际象棋史上的华章

20 岁，诸宸第三次荣获全国女子冠军。同年 11 月，在哥伦比亚的麦法林，她以 11 胜 2 和积 12 分的骄人成绩，又一次夺得世界青年女子冠军的桂冠，并以 92.3% 的胜率，打破了世界青年锦标赛的胜率纪录。12 月，她第二次参加奥林匹克团体赛，为中国女队首次夺得银牌立下头功，并荣获个人台次金牌。

1997 年，在全国个人赛上，她参加了男子组的角逐，巾帼不让须眉。夺走了男子亚军的奖牌。同时，获得体育道德风尚奖。

1998 年秋，由诸宸和谢军、王蕾、王频组成的中国女队再次问鼎奥林匹克团体赛，荣获女子团体冠军。这是中国女队第一次突破"欧洲包围圈"，坐上冠军宝座。在这次奥赛中，诸宸坐镇第 2 台，出场 11 次，战绩 5 胜 6 和。她和队友们以完美的四重奏，奏响了中国国际象棋史上的华章。

诸宸对弈中

中国第一位 "大满贯" 棋手许昱华

许昱华，1976 年出生于浙江金华，女子国际特级大师，毕业于北京大学法律系。2006 年举办的第 4 届新赛制女子世界冠军赛，许昱华在决赛中击败了俄罗斯加里娅莫娃，成为棋史上第 11 位棋后和中国的第三位女子世界冠军。此前，她还曾连获第一届（2000 年中国沈阳举办）和第二届（2002 年印度海德拉马举办）女子世界杯冠军。2000 年 11 月，许昱华和

许昱华

队友们在土耳其捧起了奥林匹克团体赛冠军奖杯。因此，她开创了棋史上（包括男女）的一项新纪录，即第一位 "大满贯" 的世界冠军（集奥赛、世界杯和世锦赛三项冠军于一身）。

父亲引领踏上棋路

许昱华 6 岁学棋，12 岁进入浙江省队。1989 年进入国家集训队。1992 年获国家大师，1993 年在天津获得分区赛冠军，并获国际大师称号。1996 年在澳门获得亚洲女子青年冠军，1996 在哥伦比亚获得世界青年锦标赛第三名。1995、1996 年全国女子青年赛冠军。1998 年在马来西亚吉隆坡获得亚洲女子个人锦标赛冠军，并晋升女子国际特级大师。

在许昱华通向棋坛巅峰的道路上，父亲是她的第一位老师。许昱华

的父亲许涛是杭州清河中学的数学老师，也是一位国际象棋爱好者。在父亲的影响下，许昱华学会了下国际象棋。

杭州城南吴山脚下，在许昱华父母居住的一套不大的两居室里，仍然摆放着一副已经陈旧得有些发黑的木

许昱华父亲指导小棋手

制国际象棋，棋子也已经破损。直到今天，许老师还经常用这副棋来打打棋谱。这是1983年许昱华开始学棋时，父亲专门给她买的。在许昱华的学棋道路上，要求严格的父亲不仅仅是启蒙老师，更是她前进的鞭策者和激励者。

许昱华的妈妈给记者讲了这样一个故事：在进入省队后，许昱华就搬到了省队的运动员宿舍。有一次父亲生日，许昱华偷偷地从队里跑出来，买了一个蛋糕回家，没想到竟遭到爸爸的一顿猛训："大好的时间，你不花在练棋上，回家来干什么？"最终，许昱华哭着被赶回了宿舍。

父亲近乎苛刻的严格有时候让许昱华也有些受不了，有一次在父亲骂过后，小许昱华睡觉前在门上贴了一张大纸条，上面写着"爸爸，你不要骂我了"。对此许涛说："其实有时候我也很难过，要对女儿狠下心并不是一件容易的事。但是，谁都比不上我对女儿的爱，我爱女儿是爱在心里的。我也相信女儿是理解我的。我表面上很严格，其实只有一个目的，就是想让女儿自己去面对失败和挫折。"

1989年，许昱华第一次进入国家队，可是没过多久，她就被打回了省队。回来以后，许昱华给父亲写了一封信："爸爸，我一定要重新回到国家队！"看着女儿的信，许老师知道，自己的苦心终于没有白费。

擎天一柱，完成"大满贯"

1998 年在"皇庄杯"女子明星赛冠军决赛上战胜特级大师宁春红获得冠军。

许昱华捧杯照

2000 年是许昱华厚积薄发的一年。在 8 月开始的沈阳世界杯上，本来中国队形势大好，八强战中包揽五个席位，但意外的情况出现了：除许昱华外，其他人都未能进入半决赛，于是夺冠的任务落在了她的肩膀上。关键时刻，许昱华顶住了压力，在决赛中以一胜一和战胜欧洲冠军、乌克兰特级大师茹科娃，获得冠军。她的胜利捍卫了中国女棋手在世界的领先地位。2000 年 11 月，许昱华和队友们在土耳其捧起了奥林匹克团体赛冠军奖杯。

2001 年世界锦标赛上她获得了第三名。在 2002 年蝉联世界杯冠军，同时也是 2002 和 2004 年奥林匹克团体赛冠军中国队主力队员。她在《我的奥赛之旅（二）》一文中写到："是不是每一个登上山顶的人都会有这样的感觉，当一阵阵凉爽的风迎面吹来，做一个深呼吸，而胜利就是这股风的味道。"

2006 年，在出征世锦赛之前，许昱华与家里通了一个电话，在电话里父亲对她说："30 年前，爸爸带队拿了冠军，30 年后，你也要努力。"最终，她不负所望，成为国际象棋女子世锦赛冠军，是历史上第 11 位棋后，也是世界上唯一同时获得奥赛、世界杯和世锦赛三项冠军的棋手。

2007 年中国十佳劳伦斯冠军奖最佳非奥项目运动员奖揭晓，国际象棋女棋手许昱华力压台球神童丁俊晖、"九球天后"潘晓婷、围棋大师常昊、罗洗河最终获得这个奖项。国际象棋世界冠军棋后谢军和曹颖担任颁奖嘉宾。2010年许昱华代表北京大学队参加"京华杯"棋牌友谊赛，力压清华大学队夺冠。

中国女子国际象棋的新领军人物

许昱华遗传了父亲自信、进取、永不言败、追求完美的性格。她曾经不止一次地纠正过那些认为她是谢军、诸宸之后第三位棋后的记者们的看法："我2001年拿了世界冠军，要说应该算是第二个棋后，怎么着也不能算是第三个呀！"

许昱华在比赛中

不过记者也有他的道理，因为传统上讲只有拿过棋后之战——以前是卫冕制，后来改为淘汰赛制的世锦赛胜利的才能算是棋后，而许昱华虽然两夺单淘汰制的世界杯冠军，但只能处于谢、诸的"阴影"下。

对此，一向追求完美的许昱华嘴上不说，心里难免会耿耿于怀。当谢军、诸宸登顶之后逍遥江湖时，许昱华一直希望着能在世锦赛中夺冠，并为着这个的目标刻苦努力，更像是一个真正意义上的职业棋手。

如今获得"大满贯"的许昱华理所当然地成为中国女子国际象棋的新领军人物，对此，许昱华也是当仁不让。"以我的状态和心理调节的能力以及对棋的理解，我觉得是没有问题的。虽然现在中国队的整体实力很强，但还是需要一个领军人物。叶老师希望我能够挑起这个担子。在身体状况允许的情况下，这个责任我是会担起来的。"

两夺世界冠军的最年轻棋后——侯逸凡

侯逸凡，1994 年出生，江苏兴化人。12 岁获得国际象棋女子国际特级大师称号；14 岁晋升男子国际特级大师，是历史上晋升男子特级大师最年轻的女棋手；16 岁夺得女子国际象棋世界冠军并成为国际象棋历史上最年轻的世界棋后，17 岁在女子国际象棋世界冠军对抗赛中成功卫冕。2012 年在第十届直布罗陀国际象棋公开赛中，战胜尤迪特·波尔加，打破后者 20 年来在慢棋比赛中对女棋手不败的神话，并获得该赛事亚军。2012 年 9 月，国际棋联宣布 2011 年度最佳女棋手奖得主、现女子世界冠军侯逸凡获得"卡伊莎"奖，她也成为第二个获此殊荣的棋手。她下棋思路清晰，棋风充满霸气，被誉为"天才少女"。

晋升男子特级大师最年轻的女棋手

幼年侯逸凡

侯逸凡出生于江苏兴化一个普通家庭中，小时候就有一些男孩子的脾气，而在下棋上有着天才的头脑。在刚刚 5 岁时，大孩子教她学跳棋，她一学会就将那些大孩子全部打败。后来，家长便带她去学棋。她学过各种棋，因为觉得国际象棋棋子最好看，所以特别喜欢国际象棋。她学了国际象棋不久便能赢下大她许多的棋手。7 岁时她师从国际象棋教练童渊明。良好的棋感加上系统的训练，侯逸凡棋艺长进迅速。

9岁时进入国家队，当年荣获国际象棋世界少儿锦标赛10岁组冠军，2004年"李成智杯"全国少儿冠军赛上，刚刚10岁的她参加12岁组的比赛竟然11战全胜。2007年1月，她还不满13岁，就被批准为女子国际特级大师。2008年9月在俄罗斯纳尔奇克，侯逸凡获得国际象棋女子世界锦标赛亚军，同时获得男子特级大师称号。这是继谢军、诸宸、许昱华、赵雪之后，中国第五位拥有男子国际特级大师称号的女棋手。世界棋坛的评论是，中国女将不仅目前仍然领先全球，而且新手辈出，后继有人。

历史上最年轻的世界冠军

2010年国际象棋女子世锦赛在土耳其安塔基亚举行，侯逸凡的半决赛对手与上届一样，结果也一样。她淘汰了科内鲁，进入决赛。决赛对手是队友阮露斐。决赛慢棋比赛前三盘，侯逸凡领先一分。2010年12月23日最后一盘慢棋，在只需和棋即夺冠的情况下，发挥失常而告负，被阮露斐拖入了快棋加赛。

侯逸凡在经历12月23日的痛苦失利后，及时调整了状态。12月24日的快棋加赛，侯逸凡整体发挥相当不错。面对以快棋见长的阮露斐，侯逸凡在四盘25分钟快棋中都占据了优势，并最终取得2胜2和，实现了自己的棋后梦想。

第一盘棋，双方在西西里防御中激战62回合以和棋收场。执黑后走的侯逸凡在开局阶段准备充分，很快反夺主动并取得多兵优势。但由于前面用时过多，侯逸凡在大优的局面下处理得有些草率，最终在阮露斐的顽强防守下，双方在车单兵对象三兵的局面下三次重复局面不变作和。

第二盘棋，执黑后走的阮露斐走出卡罗康防御。中局战斗中侯逸凡抓住机会在中心制造出了一只通路兵，随后双方交换大量子力进入在马六兵对马六兵的残局。凭借通路兵的威胁和较大空间优势，侯逸凡通过

侯逸凡生活照

耐心地子力调动成功找到突破机会，最终于第 79 回合获胜。

第三盘棋，双方再次进入西西里防御。阮露斐改进了第一局不太成功的下法。双方开局过后很快换掉大量子力进入双象象七兵对双车象七兵的残局。两人先是在后翼展开争夺，随后又将矛头转向王翼。尽管执黑的侯逸凡局势一直稍占主动，但始终没能找到突破手段，双方于第 46 回合握手言和。

第四盘棋，再次被逼到悬崖边的阮露斐采用了西班牙布局中的一路不太多见的变化，意在将局面引入复杂。然而这次侯逸凡没有犯前一天的错误，成功地将局面控制住并抓住阮露斐的缓手，在中心制造出一对威胁巨大的通路联兵取得明显优势。压力下的阮露斐尽管进行了顽强抵抗，但侯逸凡思路清晰，有条不紊地将优势扩大并最终于第 42 回合获胜。

最终侯逸凡经过四盘慢棋和四盘快棋的较量，艰难战胜阮露斐，荣登世界冠军宝座。她也成为继谢军、诸宸和许昱华之后，第四位来自中国的世界棋后，也是历史上第 13 位世界棋后。

八盘棋卫冕成功

2011 年世界女子国际象棋冠军对抗赛 11 月 14 日到 30 日在阿尔巴尼亚首都地拉那举行。侯逸凡的对手是挑战者印度棋手科内鲁。原定十盘棋的比赛，侯逸凡仅用八盘棋就击败了对手，成功卫冕。

第一盘，执白先行的科内鲁选择了自己不常走的卡塔龙开局并亮出了新招，成功取得优势局面。侯逸凡在压力下冷静防守准确应对，最终转入车兵残局后成功守和。中国国际象棋总教练叶江川认为，侯逸凡显示了良好的防守技巧。

第二盘，科内鲁执黑后走选择了俄罗斯防御并再次弈出了新招。侯逸凡选择了相对简单的变化。进入残局后，侯逸凡一度走得不够紧凑，被科内鲁取得一定的攻势，但最终侯逸凡顶住压力巧招守和。侯逸凡赛后说，对科内鲁的新招进行了长考，最终选择了简单变化。

第三盘，科内鲁执白先行选择弃兵攻王走得积极主动。但在中局错综复杂的战斗中，没能控制好用时，早早陷入时间恐慌并弈出缓手，被侯逸凡抓住机会从中心反击，最终凭借强大的中心通路联兵逼迫科内鲁认输。侯逸凡说，临场花了很长时间决定吃掉科内鲁的弃兵，迎接挑战。但科内鲁在复杂局面中走得不是太好，给了她乱中取胜的机会。

第四盘，战斗进入了西班牙开局开放变例。双方早早兑掉皇后，进入了残局比拼。执黑的科内鲁在战斗中走出疑问手，被侯逸凡一度取得优势。但侯逸凡此后没能找到突破机会，最终双方于第 57 回合议和。叶江川点评，这盘棋下得很激烈。科内鲁出现了明显的漏手，给了小侯优势。但科内鲁防守很顽强。

第五盘，侯逸凡执白。和第四局一样，双方很快兑掉皇后进入了残局争夺。最终两人演绎至车象兵残局后，科内鲁长将白王，再和一盘。侯逸凡说，整盘棋过程平稳，科内鲁应对得当，没有给她任何机会。

第六盘，此局是此次对抗赛最惊心动魄的。执白的科内鲁开局准备相当充分，落子如飞并取得了很大的时间优势，通过弃兵手段获得了极为主动的局面优势。侯逸凡面对危局，显示了坚强的意志和精准的算路。最终令科内鲁迷失方向，出现恶手。侯逸凡敏锐地抓住机会展开反击，并最终以精彩的弃子做杀再胜一盘。叶江川点评，科内鲁中局阶段发挥不好，有多个缓手招。侯逸凡获胜为对抗赛胜利打下了坚实基础。

第七盘，侯逸凡执白自始至终给科内鲁制造了较大压力。急于扳平比分的科内鲁求胜心切，出现缓手。侯逸凡抓住机会掠吃一兵，并最终转入胜势残局，再下一城。叶江川说，这盘棋侯逸凡整体发挥很不错。科内鲁由于积分落后不得不强行求变，但却出现疏漏，招致败局。

第八盘，被逼到悬崖边的科内鲁开局准备充分，但拿到赛点的侯逸凡走得从容不迫，顺利取得均势局面。科内鲁在中局试图寻找胜机，但却再次出现疑问手，最终在稍差的车兵残局中，科内鲁于第29回合无奈提和。

到北京时间2011年11月25日凌晨，侯逸凡以总分5.5分比2.5分的绝对优势提前两轮卫冕成功。侯逸凡成为继谢军之后，第二位蝉联世界棋后称号的中国棋手。

2011年11月30日，2011年女子国际象棋世界冠军赛闭幕，前苏联总统戈尔巴乔夫为侯逸凡颁发冠军奖杯。

终结小波尔加"神话"

2012年第十届直布罗陀国际象棋公开赛，侯逸凡首次亮相，表现出色，以10轮7胜2和1负积8分的成绩并列第一，最后快棋加赛1负1和不敌英国棋手肖特，获得亚军。在十轮常规赛中，侯逸凡战胜了4名等级分超过2700分的男子国际特级大师，表现分高达2872分，位列全场第一。值得一提的是，在1月31日的第七轮比赛中，侯逸凡先手力克20年来等级分始终遥居女子世界第一的匈牙利传奇名将尤迪特·波尔加，打破了这位被称为女子棋坛"无冕之王"的小波尔加20年来对女棋手的不败神话。

小波尔加是等级分进入世界前100名唯一的一位女棋手，最高世界排名达到过第8位。

曾击败卡斯帕罗夫等男子世界冠军。是局，执黑的小波尔加在开局中为了避免让侯逸凡的赛前准备"得逞"，而特意选择了一路较早的变化，使得侯逸凡在开局时消耗了大量精力。但凭借多次与高手过招的经

验和精准的计算，侯逸凡没
有让对方取得任何优势。

而在中局时，心急求成，
却被冷静的侯逸凡抓住机会
进行反击。此后小波尔加又
一次出现了失误，自己的棋
盘兵型散乱，落败之势已经
明显。

在之后的比赛中，侯逸

侯逸凡终结小波尔加"神话"

凡每一招都围绕的对手的弱
点进行攻击，而小波尔加苦思冥想也未能找到破解之招。战至第 47 回
合，小波尔加再丢一子，最终只得停钟认输。小波尔加此次输给侯逸凡
也是这位她 20 年来首次在慢棋比赛中输给女棋手。她最后一次在慢棋
比赛中输给女棋手还是在遥远的 1992 年负于自己的大姐苏珊·波尔加。

侯逸凡在第十届直布罗陀国际象棋公开赛中，除了收获亚军外，还
获得最佳女棋手奖。侯逸凡也创造了直布罗陀公开赛创办十年以来女棋
手在该赛事上的最佳战绩。

外界评价

一代棋王卡尔波夫评价："侯逸凡是一个非常优秀的棋手，特别是
在战术方面，我觉得她特别聪明、特别优秀，她肯定会成为世界冠军。"

纽约时报专栏作家纪思道指出：假如有一张面孔可以代表"中国崛
起"，那么这个人既不是某一位政治人物，亦非互联网大亨，而是一名
文静温和、名叫侯逸凡的 16 岁姑娘。

国家队总教练叶江川评价："她有很好的棋感，再加上后天的努力，
一定会成才。""小侯对局面的掌控能力、对棋的理解都有很大提高。
她还有很大潜力可挖，将来她对棋的理解会越来越深刻。她肩负着女棋

手向男棋手挑战的重任，希望她成为最强的男子特级大师。"

中国首位世界棋后谢军盛赞："小侯是个天才，20 岁以下的女棋手没有人势头能像她这样。只要在国象这条路上稳步前行，女子国际象棋很长时间都会是她的舞台。"

侯逸凡的专职教练余少腾评价："侯逸凡成熟了，在处理各种局面的时候和临场应对的时候，花的时间多，但是处理得很好。"

PART 14 历史记录

国际象棋世界冠军赛

国际象棋世界冠军赛，也称国际象棋世界棋王赛，更准确地说是国际象棋男子世界冠军赛，与国际象棋女子世界冠军赛相对而言，不过女子赛不及男子赛的整体水平，所以才有这样的简称。这是世界国际象棋联合会组织的最高水平的国际象棋个人大赛。该赛事正式创办于1886年，原先采取逐级选拔的办法，从区域赛，到区际赛、候选人赛，产生世界冠军候选人，与上届世界冠军进行对抗赛，产生国际象棋世界冠军。据国际棋联规定，对抗赛不限局数，每周三局，先胜六局者为世界冠军。1993年后，赛制与赛程均有所变化。

国际棋联正式世界冠军赛的冠军得主：

1886－1894：威廉·斯坦尼茨（奥地利）

1894－1921：埃曼纽尔·拉斯克（德国）

1921－1927：何塞尔·卡帕布兰卡（古巴）

1927－1935：亚历山大·阿廖欣（法国）

1935－1937：马克斯·尤伟（荷兰）

1937－1946：亚历山大·阿廖欣（法国）

1948－1957：米哈伊尔·鲍特维尼克（前苏联）

1957－1958：瓦西里·斯梅斯洛夫（前苏联）

1958－1960：米哈伊尔·鲍特维尼克（前苏联）

1960－1961：米哈伊尔·塔尔（前苏联）

1961－1963：米哈伊尔·鲍特维尼克（前苏联）

1963－1969：提格兰·彼得罗相（前苏联）

1969－1972：鲍里斯·斯帕斯基（前苏联）

1972－1974：鲍比·菲舍尔（美国）

1975－1985：阿那托里·卡尔波夫（前苏联）

1986－1995：加里·卡斯帕罗夫（苏联/俄罗斯）

1996－1999：阿那托里·卡尔波夫（俄罗斯）

1999－2000：亚历山大·哈里夫曼（俄罗斯）

2000－2002：维斯瓦纳坦·阿南德（印度）

2001－2004：卢斯兰·波诺马廖夫（乌克兰）

2004－2005：鲁斯塔姆·卡西姆扎诺夫（乌兹别克斯坦）

2005－2006：韦塞林·托帕洛夫（保加利亚）

2006－2007：弗拉基米尔·克拉姆尼克（俄罗斯）

2007－2012：维斯瓦纳坦·阿南德（印度）

国际象棋女子世界冠军赛

国际象棋女子世界冠军赛（Women's World Chess Championship），又称国际象棋女子世界锦标赛，是国际象棋联合会组织的国际象棋比赛。一般为两年一届。始于1927年，原为对抗赛，采取逐级选拔的办法。其初赛为区域赛，此后分别为区际赛和候选人赛。候选人赛的决赛优胜者即为世界冠军候选人，获得与上届世界冠军进行对抗赛的权利。

据国际棋联规定，对抗赛不限局数，每周三局，先胜六局者为世界冠军。2000 年国际象棋女子世界冠军赛改为淘汰赛，2011 年又实行对抗赛制。

历届国际象棋女子世界冠军及简介：

第一位女子国际象棋世界冠军——维拉·明契克

首届国际象棋女子世界锦标赛 1927 年在伦敦举行，代表前苏联出战的维拉·明契克在 7 个国家的 12 位女棋手中以不可抗拒的 10 胜 1 和赢得了单循环的第一并荣获首位女子国际象棋世界冠军。维拉·明契克 1906 年出生在莫斯科，父亲是捷克人，母亲是英国人。从 1930 年在汉堡举行的第二届国际象棋女子世锦赛起，维拉·明契克代表捷克出战并连获冠军。第九届女子世锦赛维拉·明契克代表英国出战又无可争议的获得冠军。1944 年维拉·明契克罹难于德国人的空袭，国际象棋女子世界锦标赛也就此中断了。

第二位女子世界冠军——露丹娜

第二次世界大战结束后的 1948 年，国际棋联大会决定继续恢复女子世界锦标赛，于 1950 年初在莫斯科举行。东道主苏联 45 岁的柳德米拉·弗拉基米洛夫娜·露丹娜在 16 位女棋手的单循环比赛中获得桂冠，国际象棋历史上的第二位女子世界冠军诞生。

第三位女子世界冠军——叶丽莎贝特·贝科娃

1951 年第 22 届国际棋联大会上，对女子世界锦标赛进行了改革。仿照男子世界锦标赛，把女子国际象棋世锦赛也分成三个阶段进行：先举行分区赛，按地理位置把国际棋联会员国划分成 8 个分区；再由分区赛的出线者以循环赛制进行世界冠军挑战者（候选人）资格赛；最后由挑战者（候选人）赛的优胜者向上届世界冠军以多局对抗赛形式进行决赛。1952 年苏联女棋手贝科娃在挑战者赛上脱颖而出取得向上届世界冠军露丹娜的挑战权。1953 年在列宁格勒举办的女子世界冠军对抗赛中，贝科娃以 7.5 对 6.5 的比分战胜了露丹娜获得了国际象棋历史上的第三位女子世界冠军。虽然失手于 1956 年的世界冠军对抗赛，但在 1958 年的回敬赛中胜出，把桂冠又夺了回来。1960 年贝科娃在女子世界冠军对抗赛中再次获胜，卫冕成功。1962 年贝科娃在女子世界冠军对抗赛中败给了加普琳达什维利。

第四位女子世界冠军——奥利嘉·鲁布佐娃

鲁布佐娃是在 1955 年的世界冠军挑战者资格赛中获得第一而取得向世界冠军贝科娃的挑战权的。在 1956 年的女子世界冠军对抗赛中战胜了贝科娃而成为国际象棋历史上的第四位女子世界冠军。贝科娃获得世界冠军时已经 47 岁了，两年后的回敬赛中，鲁布佐娃输了，把世界冠军的桂冠又还给了贝科娃。

第五位女子世界冠军——诺娜·加普琳达什维利

前苏联格鲁吉亚人诺娜·加普琳达什维利是继明契克之后的国际象棋又一女神般的人物，在 1962 年的女子国际象棋世界冠军赛中，加普琳达什维利只完成了 16 个对局中的 11 局就以 7 胜 4 和的压倒优势摘得国际象棋历史上的第五位世界冠军的头衔。此后又四次大比分卫冕。但 1978 年失冕于她的同胞后起之秀齐布尔达尼泽。

1968 年国际棋联修订了女子世界冠军赛，在分区赛之后增加了一个区际赛－各分区赛出线代表之间的比赛。区际赛的前三名和上届世界冠军赛决赛的负者，分两个阶段进行世界冠军挑战者资格赛以决出一名选手向上一届冠军挑战。而后又不断进行改革：分区赛、区际赛、候选人（八强，1992 年起是九强，1996 年是十强）赛、候选人赛前两名之间的对抗赛、世界冠军决赛。

第六位女子世界冠军——玛雅·齐布尔达尼泽

玛雅·齐布尔达尼泽在 1978 年战胜加普琳达什维利而获得国际象棋历史上的第六位女子世界冠军时只有 17 岁。从花季般的少女步入国际象棋殿堂的巅峰，从容地击败一个又一个世界名将，四次卫冕成功，书写了一段国际象棋女子世界冠军的神奇之旅。但其独霸国际象棋桂冠的局面终于在 1991 年被中国女棋手谢军打破。

第七位女子世界冠军——谢军

1991 年的马尼拉的被称为"世纪之战"的国际象棋女子世界冠军赛上，中国 21 岁的谢军以 8.5 比 6.5 战胜齐布尔达尼泽而获得国际象棋历史上的第七位女子世界冠军。打破了西方对国际象棋"后冠"的垄断，成为中国和亚非拉第一位国际象棋世界冠军。1993 年谢军接受另一格鲁吉亚女杰约谢里阿妮的挑战，以大比分卫冕。1996 年失冕于匈牙利的苏珊·波尔加。随后努力搏杀，再次进军到世界冠军的争夺之中，在波尔加不应战的情况下，战胜艾丽莎·加利亚莫娃夺回了失去的后冠。

随后国际棋联对国际象棋女子世界锦标赛进行了大手术，把对抗赛改成了延续到现在的淘汰制。淘汰制的女子世锦赛由 64 名女棋手从第一轮开始下，没有种子轮空的规定。显然淘汰制的世锦赛与世界上的其他流行的体育项目所采用的奥林匹克赛制更接近。谢军不负众望再次加冕成功，从最后一届传统冠军转型成为新赛制的首届冠军。被誉为"国际象棋历史上最伟大的女棋手之一。"

第八位女子世界冠军——苏珊·波尔加

波尔加家庭是一个神奇的国际象棋家庭，不同于世俗的教育方式使得波尔加三姐妹格外引人注目。天才少女朱迪·波尔加从 14 岁起就排名女子等级分世界第一至今。而大姐苏珊·波尔加在 1996 的西班牙哈恩女子世界冠军对抗赛上，战胜了谢军而成为国际象棋历史上的第八位女子世界冠军。但苏珊·波尔加却没有接受随后的由谢军挑战的女子国际象棋世界冠军对抗赛而淡出了国际象棋界。

第九位世界冠军——诸宸

自从谢军在马德里的新赛制淘汰赛的最后决赛中战胜同样来自中国的秦侃滢后，第两届新赛制的世锦赛取消了种子第一轮轮空的优惠政策，所有的参与角逐女子世界冠军的棋手必须都从第一轮开始参赛。代表中国参赛的温州姑娘诸宸在最后的决赛中以 5 : 3 的成绩战胜俄罗斯科斯坚纽克，成为第九位女子世界冠军。当时两大美女棋手的争夺吸引了全世界棋迷的眼球。诸宸是世界上第一个在少年、青年、成年赛事上都获得世界冠军的棋手。

第十位世界冠军——斯特凡诺娃

2004 年 6 月在埃利斯塔举行的国际象棋女子世锦赛上来自保加利亚的斯特凡诺娃一路闯关成为了新的世界冠军。本次世界女子国际象棋锦标赛是 5 月 21 日在俄罗斯卡尔梅克共和国首府埃利斯塔开幕的，来自 26 个国家的 64 名棋手参加了比赛。斯特凡诺娃在规定的四局常规决赛中，以两胜一平提前成为世界女子国际象棋的新棋后。

第十一位世界冠军——许昱华

2006 年 3 月国际象棋女子世锦赛在俄罗斯叶卡捷琳堡举行，中国棋手许昱华先后战胜了越南棋手黄春清洁、乌克兰高手乌什尼、俄罗斯四位顶级好手小科辛采娃、科瓦列夫斯卡娅、马特维耶娃、加利亚莫娃获得冠军。许昱华也是唯一一位同时获得奥赛、世界杯和世锦赛三项冠军的棋手。

第十二位世界冠军——科斯坚纽克

2008 年的世锦赛在俄罗斯南部城市纳尔奇克举行，科斯坚纽克苦斗四局最终以 2.5 比 1.5 战胜了中国小将侯逸凡，成为国际象棋历史上的第十二位世界冠军。这一届世锦赛可谓人才济济，科斯坚纽克依仗天时地利人和的有利形势，最终摘得桂冠。

第十三位世界冠军——侯逸凡

2010 年女子国际象棋世界锦标赛在土耳其落幕。中国 16 岁的"天才少女"侯逸凡经过加赛快棋战胜 23 岁的队友阮露斐，成为有史以来最年轻的世界棋后。

国际象棋奥林匹克团体赛

国际象棋奥林匹克团体赛，亦称世界国际象棋奥林匹克团体锦标赛，是国际象棋世界联合会（FIDE）组织的规模最大的世界性团体比赛，也是世界上水平最高的国际象棋团体比赛。男子正式比赛始于1927年，女子比赛始于1957年。1976年起，男女比赛同时举行，每两年举行一届，采用瑞士制进行比赛。2008年起，规定每队参赛成员五人，比赛四个台次。

取名为奥林匹克，是因为国际象棋曾与奥运会有着密切联系。1912年瑞典斯德哥尔摩奥运会和1924年法国巴黎奥运会上，国际象棋都曾是正式比赛项目。由于当时国际象棋领域并不急于把业余棋手从专业棋手中分离出来，而奥运会规定只有业余选手才能参加。因此，1924年FIDE成立之后，就取而代之直接组织奥林匹克棋赛了。1924年和1926年举行两次非正式国际象棋奥林匹克赛，1927年，FIDE正式开始组织世界国际象棋奥林匹克团体锦标赛。

历届世界国际象棋奥林匹克团体锦标赛（奥赛）举办地及前三名：

男子比赛

年份	届次	地点	冠军	亚军	季军
1924 年	非正式第 1 届	巴黎（法国）	捷克斯洛伐克 31	匈牙利 30	瑞士 29
1926 年	非正式第 2 届	布达佩斯（匈牙利）	匈牙利 9	南斯拉夫 8	罗马尼亚 5
1927 年	第 1 届	伦敦（英国）	匈牙利 40	丹麦 38.5	英格兰 36.5

年份	届次	地点	冠军	亚军	季军
1928 年	第 2 届	海牙（荷兰）	匈牙利 44	美国 39.5	波兰 37
1930 年	第 3 届	汉堡（德国）	波兰 48.5	匈牙利 47	德国 44.5
1931 年	第 4 届	布拉格（捷克斯洛伐克）	美国 48	波兰 47	捷克斯洛伐克 46.5
1933 年	第 5 届	福克斯通（英国）	美国 39	捷克斯洛伐克 37.5	瑞典 34
1935 年	第 6 届	华沙（波兰）	美国 54	瑞典 52.5	波兰 52
1936 年	非正式第 3 届	慕尼黑（德国）	匈牙利 110.5	波兰 108	德国 106.5
1937 年	第 7 届	斯德哥尔摩（瑞典）	美国 54.5	匈牙利 48.5	波兰 47
1939 年	第 8 届	布宜诺斯艾利斯（阿根廷）	德国 36	波兰 35.5	爱沙尼亚 33.5
1950 年	第 9 届	杜布罗夫尼克（南斯拉夫）	南斯拉夫 45.5	阿根廷 43.5	西德 40.5
1952 年	第 10 届	赫尔辛基（芬兰）	前苏联 21	阿根廷 19.5	南斯拉夫 19
1954 年	第 11 届	阿姆斯特丹（荷兰）	前苏联 34	阿根廷 27	南斯拉夫 26.5
1956 年	第 12 届	莫斯科（苏联）	前苏联 31	南斯拉夫 26.5	匈牙利 26.5
1958 年	第 13 届	慕尼黑（西德）	前苏联 34.5	南斯拉夫 29	阿根廷 25.5
1960 年	第 14 届	莱比锡（东德）	前苏联 34	美国 29	南斯拉夫 27
1962 年	第 15 届	瓦尔纳（保加利亚）	前苏联 31.5	南斯拉夫 28	阿根廷 26
1964 年	第 16 届	特拉维夫（以色列）	前苏联 36.5	南斯拉夫 32	西德 30.5
1966 年	第 17 届	哈瓦那（古巴）	前苏联 39.5	美国 34.5	匈牙利 33.5
1968 年	第 18 届	卢加诺（瑞士）	前苏联 39.5	南斯拉夫 31	保加利亚 30
1970 年	第 19 届	锡根（西德）	前苏联 27.5	匈牙利 26.5	南斯拉夫 26
1972 年	第 20 届	斯科普里（南斯拉夫）	前苏联 42	匈牙利 40.5	南斯拉夫 38
1974 年	第 21 届	尼斯（法国）	前苏联 46	南斯拉夫 37.5	美国 36.5

续表

年份	届次	地点	冠军	亚军	季军
1976 年	第 22 届	海法（以色列）	美国 37	荷兰 36.5	英格兰 35.5
1976 年	反以奥林匹克	的黎波里（利比亚）	萨尔瓦多 38.5	突尼斯 36	巴基斯坦 34.5
1978 年	第 23 届	布宜诺斯艾利斯（阿根廷）	匈牙利 37	苏联 36	美国 35
1980 年	第 24 届	瓦莱塔（马耳他）	前苏联 39	匈牙利 39	美国 35
1982 年	第 25 届	卢塞恩（瑞士）	前苏联 42.5	捷克斯洛伐克 36	美国 35
1984 年	第 26 届	塞萨洛尼基（希腊）	前苏联 41	英格兰 37	美国 35
1986 年	第 27 届	迪拜（阿联酋）	前苏联 40	英格兰 39	美国 38
1988 年	第 28 届	塞萨洛尼基（希腊）	前苏联 40.5	英格兰 34.5	荷兰 34.5
1990 年	第 29 届	诺威萨（南斯拉夫）	前苏联 39	美国 35.5	英格兰 35.5
1992 年	第 30 届	马尼拉（菲律宾）	俄罗斯 39	乌兹别克斯坦 35	亚美尼亚 34.5
1994 年	第 31 届	莫斯科（俄罗斯）	俄罗斯 37.5	波黑 35	俄罗斯 II 34.5
1996 年	第 32 届	埃里温（亚美尼亚）	俄罗斯 38.5	乌克兰 35	美国 34
1998 年	第 33 届	埃利斯塔（俄罗斯）	俄罗斯 35.5	美国 34.5	乌克兰 32.5
2000 年	第 34 届	伊斯坦布尔（土耳其）	俄罗斯 38	德国 37	乌克兰 35.5
2002 年	第 35 届	布莱德（斯洛文尼亚）	俄罗斯 38.5	匈牙利 37.5	亚美尼亚 35
2004 年	第 36 届	卡尔维亚（西班牙）	乌克兰 39.5	俄罗斯 36.5	亚美尼亚 36.5
2006 年	第 37 届	都灵（意大利）	亚美尼亚 36	中国 34	美国 33
2008 年	第 38 届	德累斯顿（德国）	亚美尼亚 19	以色列 18	美国 17
2010 年	第 39 届	汉特－曼西斯克（俄罗斯）	乌克兰 19	俄罗斯 18	以色列 17
2012 年	第 40 届	伊斯坦布尔（土耳其）	亚美尼亚 19	俄罗斯 19	乌克兰 18

女子比赛

年份	届次	地点	冠军	亚军	季军
1957 年	第 1 届	埃门（荷兰）	前苏联 10.5	罗马尼亚 10.5	东德 10
1963 年	第 2 届	斯普利特(南斯拉夫)	前苏联 25	南斯拉夫 24.5	东德 21
1966 年	第 3 届	奥伯豪森（西德）	前苏联 22	罗马尼亚 20.5	东德 17
1969 年	第 4 届	卢布林（波兰）	前苏联 26	匈牙利 20.5	捷克斯洛伐克 19
1972 年	第 5 届	斯科普里（南斯拉夫）	前苏联 11.5	罗马尼亚 8	匈牙利 8
1974 年	第 6 届	麦德林（哥伦比亚）	前苏联 13.5	罗马尼亚 13.5	保加利亚 13
1976 年	第 7 届	海法（以色列）	以色列 17	英格兰 11.5	西班牙 11.5
1978 年	第 8 届	布宜诺斯艾利斯（阿根廷）	前苏联 16	匈牙利 11	西德 11
1980 年	第 9 届	瓦莱塔（马耳他）	前苏联 32.5	匈牙利 32	波兰 26.5
1982 年	第 10 届	卢塞恩（瑞士）	前苏联 33	罗马尼亚 30	匈牙利 26
1984 年	第 11 届	塞萨洛尼基（希腊）	前苏联 32	保加利亚 27.5	罗马尼亚 27
1986 年	第 12 届	迪拜（阿联酋）	前苏联 33.5	匈牙利 29	罗马尼亚 28
1988 年	第 13 届	塞萨洛尼基（希腊）	匈牙利 33	前苏联 32.5	南斯拉夫 28
1990 年	第 14 届	诺威萨（南斯拉夫）	匈牙利 35	前苏联 35	中国 29
1992 年	第 15 届	马尼拉（菲律宾）	格鲁吉亚 30.5	乌克兰 29	中国 28.5
1994 年	第 16 届	莫斯科（俄罗斯）	格鲁吉亚 32	匈牙利 31	中国 27
1996 年	第 17 届	埃里温（亚美尼亚）	格鲁吉亚 30	中国 28.5	俄罗斯 28.5
1998 年	第 18 届	埃利斯塔（俄罗斯）	中国 29	俄罗斯 27	格鲁吉亚 27
2000 年	第 19 届	伊斯坦布尔（土耳其）	中国 32	格鲁吉亚 31	俄罗斯 28.5
2002 年	第 20 届	布莱德（斯洛文尼亚）	中国 29.5	俄罗斯 29	波兰 28

年份	届次	地点	冠军	亚军	季军
2004 年	第 21 届	卡尔维亚（西班牙）	中国 31	美国 28	俄罗斯 27.5
2006 年	第 22 届	都灵（意大利）	乌克兰 29.5	俄罗斯 28	中国 27.5
2008 年	第 23 届	德累斯顿（德国）	格鲁吉亚 18	乌克兰 18	美国 17
2010 年	第 24 届	汉 特－曼 西斯克（俄罗斯）	俄罗斯 22	中国 18	格鲁吉亚 16
2012 年	第 25 届	伊斯坦布尔（土耳其）	俄罗斯 19	中国 19	乌克兰 18

全国国际象棋锦标赛

全国国际象棋锦标赛，是由中国国际象棋协会主办的国内水平最高、影响最大、举办时间最长的重大赛事。1957 年首届开赛，当时只有男子参加，1979 年女子首次参与进来。每年举行一次。比赛现在采用循环赛制，共赛 11 轮，比赛用时为每方 90 分钟，比赛采用 2007 年出版的《国际象棋竞赛裁判手册》。男女分别计算成绩，并计算国际等级分，最后决出男女各前 8 名，由国家体育总局颁发奖牌或奖状。根据比赛成绩，按照中国国际象棋队有关选拔办法入选中国队参加相关重大国际赛事。

历年的全国个人锦标赛冠军获得者：

年份	地　点	男子冠军	女子冠军
2013	兴　化	王　玥	丁亦昕
2012	兴　化	丁立人	黄　茜
2011	兴　化	丁立人	章晓雯

2010	兴 化	王 皓	居文君
2009	兴 化	丁立人	沈 阳
2008	北 京	倪 华	侯逸凡
2007	永 川	倪 华	侯逸凡
2006	无 锡	倪 华	李若凡
2005	合 肥	王 玥	王 瑜
2004	兰 州	卜祥志	秦侃滢
2003	汕 尾	章 钟	徐媛媛
2002	秦皇岛	张鹏翔	王 频
2001	无 锡	章 钟	王 蕾
2000	丽 水	梁金荣	王 蕾
1999	哈尔滨	汪自力	秦侃滢
1998	沈 阳	彭小民	王 蕾
1997	北 京	林卫国	王 蕾
1996	天 津	叶江川	诸 宸
1995	涪 陵	梁金荣	秦侃滢
1994	北 京	叶江川	诸 宸
1993	青 岛	童渊铭	彭肇勤
1992	北 京	林卫国	诸 宸
1991	成 都	林卫国	秦侃滢
1990	上 海	叶荣光	彭肇勤
1989	北 京	叶江川	谢 军
1988	杭 州	汪自力	秦侃滢
1987	许 昌	叶江川	彭肇勤
1986	重 庆	叶江川	刘适兰
1985	南 京	徐 俊	刘适兰
1984	广 州	叶江川	刘适兰

1983	昆　明	徐　俊	刘适兰
1982	成　都	刘文哲	赵　兰
1981	温　州	叶江川	刘适兰（81 年 9 月）
			刘适兰（81 年 4 月肇庆）
1980	乐　山	刘文哲	刘适兰（80 年 8 月）
			刘适兰（80 年 3 月福州）
1979	北　京	李祖年	刘适兰（女子首届）
1978	郑　州	戚惊萱	
1977	太　原	陈　德	
1975	北　京	戚惊萱	
1974	成　都	陈　德	
1966	郑　州	张东禄	
1965	银　川	黄鑫斋	
1964	杭　州	简明基	
1962	合　肥	徐天利	
1960	北　京	徐天利	
1959	北　京	邓文湘	
1958	广　州	徐家亮	
1957	上　海	张福江（首届）	

国际象棋大满贯赛

　　国际象棋大满贯赛是世界棋坛新出现的一项高等级赛事。它是由"国际象棋大满贯赛协会"创立并发起的一项结构类似于网球大满贯赛的国际象棋顶尖赛事。该比赛从 2008 年开始，每年举行一次。按照

"国际象棋大满贯赛协会"的计划，每年的大满贯赛都由若干个分站赛和一个总决赛组成。获得分站赛冠军的选手将直接获得参加总决赛的资格。奖金高达 40 万欧元。总决赛地点在西班牙毕尔巴鄂。

国际象棋大满贯赛前三届概况及冠军：

第一届

2008 年的国际象棋大满贯赛分站赛原计划包括四站：荷兰维克安泽超级大赛、西班牙（墨西哥）利纳莱斯 – 莫雷利亚超级大赛、保加利亚索非亚超级大赛以及墨西哥城超级大赛。但墨西哥城大赛因故未能举办。这样一来，2008 年的大满贯赛只包括三个分站赛和一个总决赛。

获得三个分站赛冠亚军的棋手均获得了总决赛入场券：维克安泽冠军亚美尼亚棋手阿罗尼扬（世界排名第 12，等级分 2737）；利纳雷斯 – 莫雷利亚大赛冠军当年棋王印度棋手阿南德（世界排名第一，等级分 2798），亚军挪威小将卡尔森（世界排名第六，等级分 2775）。索非亚大赛冠军乌克兰名将伊万丘克（世界排名第四，等级分 2781），亚军前世界冠军保加利亚棋手托帕洛夫（世界排名第五，等级分 2777）。由于卡尔森既是维克安泽大赛亚军，也是利纳雷斯大赛亚军。因此组委会又邀请了获得维克安泽大赛并列第三名的阿塞拜疆棋手拉迪亚波夫（世界排名第七，等级分 2744）。

六名棋手平均等级分高达 2775.6 分，使此次比赛达到了国际棋联规定的第 22 级。这也是国际象棋历史上，平均等级分和级别最高的赛事。

此次大满贯赛总决赛为六人双循环赛制。比赛共下十轮，第五轮和第八轮之后各有一个休息日。比赛用时为：第一时限每方一个半小时走 40 回合，第二时限每方一个小时包干。

此次比赛总奖金为 40 万欧元。冠军奖金为 15 万欧元，亚军和季军奖金分别为 7 万欧元和 6 万欧元。第四至第六名将分别获得 5 万、4 万和 3 万欧元。

为了使比赛更加紧张激烈，此次比赛采用所谓的"索非亚规则"。即棋手们在对局中不得主动提和，对局只能在长将、三次重复局面以及理论和棋的情况下由裁判判和。此外，比赛还采用了新的计分制度。棋手们胜一局得 3 分，和一局得 1 分，输棋得 0 分。如果最终积分相同，将不进行快棋加赛，而是首先按照传统积分系统（胜局得 2 分，和局得 1 负，输棋得 0 分）区分名次，然后再应用其他的破同分规则。

最后，托帕洛夫获得第一届大满贯总决赛冠军。

第二届

2009 年大满贯赛的分站赛有四站，分别是 2008 年南京超级大赛、2009 年维克安泽超级大赛、2009 年西班牙利纳雷斯超级大赛和 2009 年索非亚超级大赛。获得这四个分站赛冠军的分别是保加利亚棋手托帕洛夫、俄罗斯国籍原乌克兰棋手卡尔亚金、俄罗斯棋手格里斯丘克和西班牙名将希洛夫。

由于卫冕冠军托帕洛夫发表声明，以奖金过低和备战次年世界冠军赛为由退出此次总决赛，他的空缺由 2008 年南京超级大赛亚军，同时也是 2009 年维克安泽大赛并列亚军的亚美尼亚棋手阿罗尼扬递补。

此次比赛为六轮双循环赛。用时为比赛用时为：第一时限每方一个半小时走 40 回合；第二时限每方一个小时包干且每步棋加 10 秒。和上届比赛一样，比赛采用所谓的"索非亚规则"。

此次比赛仍然采用了新的计分制度。棋手们胜一局得 3 分，和一局得 1 分，输棋得 0 分。如果两名多名棋手最终并列积分榜榜首，他们将通过快棋赛（每方 4 分钟，每步棋加 3 秒）决出优胜者。如果快棋赛仍未分高下，则通过突然死亡加赛（白方 5 分钟，黑方 4 分钟）决出最后的冠军得主。如果其他名次出现同分情况，将不进行快棋加赛，而是首先按照传统积分系统（胜局得 2 分，和局得 1 负，输棋得 0 分）区分名次，然后再应用其他的破同分规则。

最终，阿罗尼扬获得第二届大满贯总决赛冠军。

第三届

2010 年，为了提高赛事的影响力，通过世博会普及国际象棋，大赛主办方决定第三届国际象棋大满贯赛的预选赛放到了上海世博园。预选赛的四位参赛选手包括世界冠军、俄罗斯名将克拉姆尼克，西班牙最佳棋手、世界排名第九的希洛夫，2009 年该项赛事冠军阿罗尼扬和中国当时等级分排名第一的棋手王皓。最后，希洛夫和克拉姆尼克进军毕尔巴鄂，与世界排名第一的挪威棋手卡尔森、前世界冠军印度棋手阿南德角逐最终的桂冠。

克拉姆尼克最终将第三届大满贯总决赛冠军斩获。